하루 두 글자로 완성하는 어휘력·문해력

김연수(현직 한문 교사, 교과서 집필 위원) 지음

최소한의

3권

초등

한자

會

社

重

要

더블북

선생님 한마디

무작정 한자를 쓰고 외우는 공부는 이제 그만!

최근 당연히 알아야 할 기초 어휘의 뜻을 몰라서 어려움을 겪는 아이들이 많아졌어요. 그런 아이들을 만나면 '한자 몇 글자만 알아도 어휘의 뜻을 쉽게 알 수 있을텐데'라는 생각에 안타까웠어요. 그래서 오랫동안 학교에서 아이들과 함께한 쉽고 재미있고 효과적인 한자 공부 노하우를 이 책에 담았어요. 무작정 한자를 쓰고 외우는 공부는 이제 그만! 어휘를 이해하고 확장하는 한자 공부 함께 시작해요!

한자는 왜 알아야 할까요?

우리는 한글을 사용하지만, 우리말에는 한자가 숨어 있어요. 일상적으로 사용하는 말에는 60% 이상, 교과서 속에는 90% 가까이 한자 어휘가 사용되지요. 생각보다 정말 많지요? 그래서 한자를 알면 많은 어휘의 뜻을 쉽고 정확하게 이해할 수 있어요. 또 잘 모르는 어휘를 만났을 때 뜻을 유추하는 힘도 생기지요. 교과서 속 개념들은 대개 한자어예요. 한자를 알면 개념을 쉽게 파악할 수 있어서 공부가 쉽게 느껴질 거예요.

그럼 한자는 어떻게 공부해야 할까요?

먼저 쉬운 한자와 자주 쓰이는 한자를 이미지와 함께 단계적으로 배워요. 그다음 배운 한자가 쓰인 일상 어휘와 교과 어휘를 공부하며 뜻을 정확하게 공부해요. 하나의 한자를 알면 연관된 많은 어휘를 한 번에 학습할 수 있어요. 또한, 한자와 어휘를 연결하면 의미 파악이 쉬워져 어휘에 대한 자신감이 생겨요.

한자는 공부의 기본이에요. 공부를 쉽게 만들어 주는 훌륭한 도구이지요. 한자를 공부하며 어휘 자신감, 공부 실력까지 쑥쑥 키워 보세요!

김연수 드림

이 교재의 특징

한자 → 어휘 → 교과 연계 지문
3가지 학습을 한 번에 할 수 있어요!

최신
2022 개정
교육과정
성취기준
반영!

1

한자, 어휘, 교과 한자어까지 알찬 구성

60개의 한자와 150개의 어휘,
여러 교과의 한자어를
학습할 수 있어요.

이 책으로 공부하면
이런 점이 좋아요.

3

정확한 어휘 이해

한자의 뜻을 최대한 살린
쉽고 직관적인 어휘 설명으로
이해를 도와요.

2

차근차근 단계별 학습

6급 위주 한자,
교과 기초 한자로
구성했어요.

4

학년에 맞춘 문해력 향상

5~6학년 교과 연계
지문을 읽고 문제를 풀며
독해력과 교과 지식까지
쌓을 수 있어요.

5

재미있는 한자 공부

한자 확인, 어휘 활용 예문,
이미지 연상, 퍼즐 등
다양한 유형의 문제로
즐겁게 공부해요.

이 교재의 구성

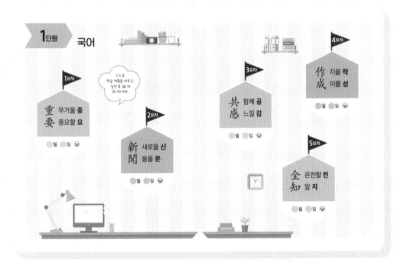

단원 구성

- 하루 2자, 5일씩 한 단원을 구성했어요.
- 5단계로 알차고 재미있게 학습해요.
- 스스로 학습 계획을 세우고 점검하며 자기 주도 학습을 해요.
- 획이 적고 쉬운 한자부터 단계적으로 학습해요.
- 국어, 사회, 역사, 수학, 과학, 체육·예술 교과 속 어휘를 배워요.

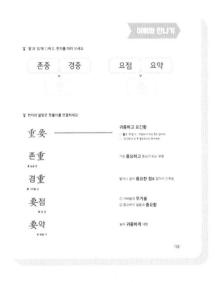

1단계 한자와 만나기

- 서로 관련 있는 한자를 2자씩 묶어서 학습해요.
- 한자의 자원과 관련된 이미지를 통해 한자를 효과적으로 연상해요.
- 한자를 따라 쓰면서 익혀요.

2단계 어휘와 만나기

- 오늘 배운 한자가 들어간 어휘를 학습해요.
- 한자를 보며 어휘의 뜻을 유추해요.

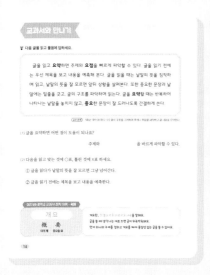

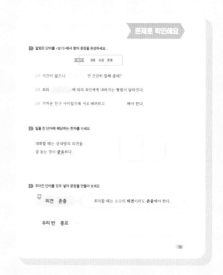

3단계   교과서와 만나기

- 오늘 배운 어휘가 들어간 교과 연계 지문을
  읽으며 독해 실력과 교과 지식을 쌓아요.
- 오늘 배운 한자와 관련 있는 교과 어휘로
  어휘력과 사고력을 동시에 키워요.

4단계   문제로 확인해요

- 다양한 유형의 문제를 풀며 오늘 배운
  한자와 어휘를 확인해요.

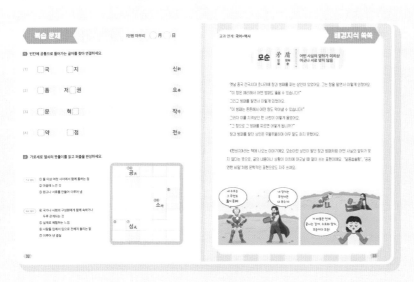

5단계   복습 문제 + 배경지식 쏙쏙

- 단원에서 배운 한자와 어휘를
  재미있는 문제를 풀며 다시 한번
  복습해요.
- 재미있는 한자 성어의 유래를
  읽으면서 배경지식을 쌓아요.

시작하기 전, 이것만은!

1 한자란 무엇일까요?

한자(漢字)는 중국에서 아주 오래전부터 쓰던 문자로, 한(漢)나라 때 지금의 글자 모습이 갖추어졌어요. 그래서 '한나라의 글자'라는 뜻에서 '한자'라고 불러요. 한자는 중국 주변 나라로 퍼져나가 오랜 시간 동안 영향을 주었어요. 지금도 한국, 일본 등 여러 국가에서 사용하는 동아시아 공동글자랍니다.

2 한자는 뜻과 소리를 가지고 있어요

한자는 글자가 뜻을 나타내는 뜻글자예요. 그래서 한자는 모양, 뜻, 소리를 가지고 있어요.

'人'이란 모양의 한자는 '사람'이란 뜻을 나타내고, '인'이라고 읽어요.

우리나라는 오랫동안 한자를 사용해 왔어요. 그래서 한자를 기초하여 만들어진 한자 어휘가 많아요. 뜻글자인 한자를 사용한 어휘는 의미를 정확하고 짧게 나타낼 수 있어서 학습에 필요한 개념어에 많이 쓰여요.

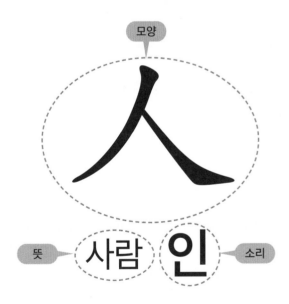

3 ▶ **한자는 획이 있어요**

한자는 전체적으로 정사각형 모양이에요. 위아래, 양옆의 균형과 비례를 생각하면서 써요. 한자에는 한글에 있는 동그라미가 없지만, 한글에 없는 획들이 있어요. 옆에 제시된 획을 알아두면 한자를 더욱 쉽게 익힐 수 있어요.

점   갈고리   삐침   파임

4 ▶ **한자는 이렇게 써요**

한자를 쓰는 순서를 '필순'이라고 해요. 꼭 모든 획의 필순을 지켜야 하는 것은 아니지만 다음과 같은 간단한 원칙 몇 가지만 알고 있어도 한자를 바르고 쉽게 쓸 수 있어요.

1. 위에서 아래로 쓴다.   三 ➔ 一 二 三

2. 왼쪽에서 오른쪽으로 쓴다.   心 ➔ 丶 心 心 心

3. 좌우의 모양이 같을 때는 가운데를 먼저 쓴다.   小 ➔ 亅 小 小

목차

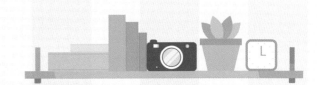

1일차

스스로
학습 계획을 세우고,
실천 후 😊에
표시하세요.

重 무거울 **중**
要 중요할 **요**

⚪ 월 ⚪ 일 😊

2일차

新 새로울 **신**
聞 들을 **문**

⚪ 월 ⚪ 일 😊

3일차

共 함께 **공**
感 느낄 **감**

⬤ 월 ⬤ 일 😄

4일차

作 지을 **작**
成 이룰 **성**

⬤ 월 ⬤ 일 😄

5일차

全 온전할 **전**
知 알 **지**

⬤ 월 ⬤ 일 😄

뜻	소리

무겁다 **중**

등에 무거운 짐을 지고 가는 모습이에요.
귀중하고 중요한 물건이 짐 속에 들어 있어요.

뜻	소리

중요하다 **요**

양손으로 허리를 잡고 있는 모습이에요.
허리는 신체의 중심이자 중요한 부분이기
때문에 '중요하다'라는 뜻이 생겼어요.

🌱 한자를 쓰면서 익혀요.

一 二 仁 仨 台 盲 重 重 重

一 丆 丆 万 両 要 要 要

🌱 '중'과 '요'에 ○하고, 한자를 따라 쓰세요.

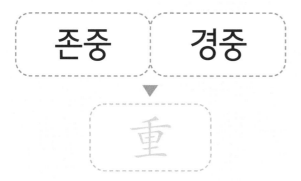

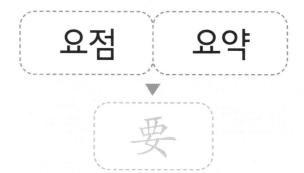

🌱 단어와 알맞은 뜻풀이를 연결하세요.

重要 ——————————— **귀중하고 요긴함**
🔍 重은 '귀중하다'라는 뜻도 있어요.
🔍 '요긴하다'는 꼭 필요하다는 뜻이에요.

존重
尊 높을 존

가장 **중요하고** 중심이 되는 부분

경重
輕 가벼울 경

말이나 글의 **중요한 점**을 잡아서 간추림

要점
點 점 점

① 가벼움과 **무거움**
② 중요하지 않음과 **중요함**

要약
約 맺을 약

높여 **귀중하게** 대함

🌱 다음 글을 읽고 물음에 답하세요.

> 글을 읽고 **요약**하면 주제와 **요점**을 빠르게 파악할 수 있다. 글을 읽기 전에는 우선 제목을 보고 내용을 예측해 본다. 글을 읽을 때는 낱말의 뜻을 짐작하며 읽고, 낱말의 뜻을 잘 모르면 앞뒤 상황을 살펴본다. 또한 중요한 문장과 낱말에는 밑줄을 긋고, 글의 구조를 파악하며 읽는다. 글을 **요약**할 때는 반복하여 나타나는 낱말을 놓치지 않고, **중요**한 문장이 잘 드러나도록 간결하게 쓴다.

(교과 연계) 5학년 국어 [6국02-01] 글의 구조를 고려하며 주제나 주장을 파악하고 글 내용을 요약한다.

(1) 글을 요약하면 어떤 점이 도움이 되나요?

주제와 　　　　　　을 빠르게 파악할 수 있다.

(2) 다음을 읽고 맞는 것에 ○표, 틀린 것에 X표 하세요.

① 글을 읽다가 낱말의 뜻을 잘 모르면 그냥 넘어간다.

② 글을 읽기 전에는 제목을 보고 내용을 예측한다.

개요

概 要
대개 개　중요할 요

개요란 간결하게 추려낸 주요 내용을 말해요.
글을 쓸 때 생각나는 대로 쓰면 글이 뒤죽박죽돼요.
먼저 하나의 주제를 정하고 개요를 짜야 통일성 있는 글을 쓸 수 있어요.

1 알맞은 단어를 <보기>에서 찾아 문장을 완성하세요.

> 보기　　경중　요점　존중

(1) 시간이 없으니 ＿＿＿＿＿＿ 만 간단히 말해 줄래?

(2) 죄의 ＿＿＿＿＿＿ 에 따라 죄인에게 내려지는 형벌이 달라진다.

(3) 가까운 친구 사이일수록 서로 배려하고 ＿＿＿＿＿＿ 해야 한다.

2 밑줄 친 단어에 해당하는 한자를 쓰세요.

대화할 때는 상대방의 의견을
잘 듣는 것이 **중요**하다.

3 주어진 단어를 모두 넣어 문장을 만들어 보세요.

예	
의견　존중	회의할 때는 소수의 **의견**이라도 **존중**해야 한다.
우리 반　중요	

新

뜻　　소리

새롭다 **신**

나무를 도끼로 잘라 새로운
물건을 만든다는 뜻이에요.

聞

뜻　　소리

듣다 **문**

문 앞에서 귀를 대고
듣는다는 뜻이에요.

🌱 한자를 쓰면서 익혀요.

`丶 亠 亠 亠 立 立 辛 辛 亲 亲 新 新 新`

`丨 冂 冂 冂 冃 冃 門 門 門 聞 聞 聞 聞 聞`

🌱 '신'과 '문'에 ○하고, 한자를 따라 쓰세요.

🌱 단어와 알맞은 뜻풀이를 연결하세요.

新聞 —————————————— **새로 들은 소식**을 기록하여 전달하는 정기 간행물

혁新
革 가죽 혁
　　　　　　　　　　　　새로 생긴 말

新조어
造 만들 조　語 말씀 어
　　　　　　　　　　　　바꾸어 **새롭게** 함

소聞
所 바 소
　　　　　　　　　　　　보거나 **들어** 알게 된 것

견聞
見 볼 견
　　　　　　　　　　　　사람들 입에서 입으로 전해져 **들리는** 말

🌱 다음 글을 읽고 물음에 답하세요.

논설문이란 자기 생각이나 주장을 논리적으로 펼치는 글이다. 논설문을 쓸 때는 먼저 문제 상황을 떠올려야 한다. 그리고 그 문제 상황을 해결할 주장을 정하고 주장을 뒷받침하는 근거를 제시한다. 근거를 제시할 때는 정확한 수치를 담은 도표나 자료를 찾아서 제시하면 더 효과적이다. 유행어, **신조어** 같은 용어를 사용하거나 **소문**에만 근거한 정확하지 않은 내용을 쓰지 않도록 주의해야 한다.

(교과 연계) 6학년 국어 [6국02-03] 글이나 자료를 읽고 내용의 타당성과 표현의 적절성을 평가한다.

(1) 논설문이란 무엇인가요?

자기 생각이나   을 논리적으로 펼치는 글

(2) 다음을 읽고 맞는 것에 ○표, 틀린 것에 X표 하세요.

① 논설문을 쓸 때는 먼저 문제 상황을 떠올린다.

② 논설문에 유행어나 신조어를 쓰면 더 효과적이다.

미리 보는 중학교 교과서 한자 어휘 - 국어

논 증

論 證
논할 **론**   증명할 **증**

논증이란 옳고 그름을 논리적으로 밝히는 것, 또는 그 근거나 이유를 뜻해요. 남을 설득하는 글을 쓸 때는 주장에 따른 근거를 적절히 제시해야 해요. 근거 없이 막무가내로 우겨서는 안 돼요.

1 알맞은 단어를 <보기>에서 찾아 문장을 완성하세요.

> **보기**   신조어   견문   혁신

(1) 새로운 기술과 문화가 생기면 그것을 칭하는 　　　　　 가 만들어진다.

(2) 인공 지능의 발달로 공부 방법에도 　　　　　 적인 변화가 생겼다.

(3) 여행은 　　　　　 을 넓힐 수 있는 가장 좋은 경험이다.

2 밑줄 친 단어에 해당하는 한자를 쓰세요.

어제 일어난 교통사고가
신문에 보도되었다.

3 주어진 단어를 모두 넣어 문장을 만들어 보세요.

> **예**
> **아빠**　**신문**　　　　　**아빠**는 매일 아침 **신문**을 챙겨 보신다.

> **친구**　**소문**

뜻   소리

함께   공

여럿이 함께 그릇을
받쳐 들고 있는 모습이에요.

뜻   소리

느끼다   감

심(心)은 마음으로 느낀다는 뜻을 나타내고,
함(咸)은 소리를 나타내는 부분으로
'함'이 '감'으로 바뀌었어요.

🌱 한자를 쓰면서 익혀요.

一 十 艹 壮 共 共

丿 厂 厂 厂 咸 咸 咸 咸 咸 感 感 感

🌱 '공'과 '감'에 ○하고, 한자를 따라 쓰세요.

공통점	공공

共

실감	소감

感

🌱 단어와 알맞은 뜻풀이를 연결하세요.

共感 ——————————— 남의 기분이나 이야기에 대해 **함께** 똑같이 **느낌**

共통점
通 통할 통　點 점 점

둘 이상 여럿 사이에서 **함께** 통하는 점

공共
公 공적일 공

실제로 체험하는 **느낌**

실感
實 열매 실

마음에 **느낀** 것

소感
所 바 소

국가나 사회의 구성원에게 **함께** 속하거나 두루 관계되는 것

🌱 다음 글을 읽고 물음에 답하세요.

상대방과 이야기할 때 **공감**하는 대화를 해야 한다. **공감**하는 대화란 상대방의 마음을 이해하고 귀 기울여 듣는 것을 말한다. 그러면 상대방은 더욱 **실감**나게 말할 수 있고 서로 더 많은 이야기를 주고받을 수 있다. **공감**하며 듣고 말하는 방법에는 '처지를 바꾸어 생각하기', '경청하기' 등이 있다.

교과 연계 5학년 국어 [6국01-01] 대화에서 생략된 내용을 추론하며 듣는다.

(1) 공감하는 대화란 무엇인가요?

상대방의   을 이해하고   기울여 듣는 것

(2) 다음을 읽고 맞는 것에 ○표, 틀린 것에 X표 하세요.

① 공감하는 대화를 하면 많은 이야기를 주고받을 수 없다.

② 공감하며 듣고 말하는 방법에는 '경청하기' 등이 있다.

미리 보는 중학교 교과서 한자 어휘 - 국어

공감각적 심상

共 感 覺 的　心 象
함께 공 느낄 감 깨달을 각 과녁 적　마음 심 모양 상

심상이란 마음속에 떠오르는 감각적 이미지를 말해요. 대표적인 감각에는 시각, 촉각, 청각, 미각, 후각 5가지가 있어요. 공감각적 심상은 하나의 감각을 다른 감각으로 옮겨 표현하는 것이에요. 예를 들어 '분수처럼 흩어지는 푸른 종소리'는 청각을 시각화해서 표현한 것이지요.

1 알맞은 단어를 <보기>에서 찾아 문장을 완성하세요.

> 보기　공공　소감　공통점

(1) 학교에서 책상, 의자와 같은 　　　　　 시설을 아껴 써야 한다.

(2) 오빠와 나는 둘 다 탕수육을 좋아한다는 　　　　　 이 있다.

(3) 부상을 이겨내고 승리를 거둔 축구 선수의 우승 　　　　　 은 감동적이었다.

2 밑줄 친 단어에 해당하는 한자를 쓰세요.

선우는 내 이야기에 **공감**한 듯
고개를 끄덕였다.

3 주어진 단어를 모두 넣어 문장을 만들어 보세요.

> 예
> **동화　실감** ～～～ 우리 할머니는 항상 **실감** 나게 **동화**를 읽어 주신다.

> **대화　공감**

뜻	소리
짓다	**작**

사람이 옷깃에 바느질하는 모습에서
'짓다', '만들다'라는 뜻이 생겼어요.

뜻	소리
이루다	**성**

창과 무기로 적을 물리쳐 일을
끝마쳤다는 데서 '이루다'라는 뜻이 생겼어요.

🌱 한자를 쓰면서 익혀요.

ノ イ イ 仁 仵 作 作

丿 厂 F 万 成 成 成

🌱 '작'과 '성'에 ○하고, 한자를 따라 쓰세요.

작품	저작권

作

구성	성과

成

🌱 단어와 알맞은 뜻풀이를 연결하세요.

作成 —————————— 원고나 서류를 **만들어 이루어 냄**

🔍 作은 '만들다'라는 뜻도 있어요.

作품
品 물건 품

작품을 **만든** 사람이 가지는 권리

저作권
著 나타날 저   權 권리 권

만든 물품

🔍 주로 문학, 그림, 음악처럼 예술 활동으로 만들어지는 것을 말해요.

구成
構 얽을 구

이루어 낸 결실

成과
果 열매 과

몇 가지 부분이 모여 전체를 **이룸**

🌱 다음 글을 읽고 물음에 답하세요.

> 요즘 사람들은 긴 영상보다 1분 내외의 짧은 영상을 선호한다. 짧은 영상은 비교적 쉽게 만들 수 있으며 효과적으로 메시지를 전달할 수 있다. 영상을 만들 때는 자막을 **작성**하고 적절한 사진이나 음악 등을 넣어 편집한다. 인터넷에 있는 자료는 대부분 **저작권**이 있으므로 자료를 가져올 때는 꼭 출처를 밝히거나 **저작권**자의 허락을 구해야 한다.

(교과 연계) 6학년 국어 [6국06-01] 정보 검색 도구를 활용하여 자신의 목적에 맞는 매체 자료를 찾는다.

(1) 요즘 사람들은 어떤 영상을 선호하나요?　　　　1분 내외의　　　　　　영상

(2) 다음을 읽고 맞는 것에 ○표, 틀린 것에 X표 하세요.

　① 인터넷에 있는 자료는 모두 마음대로 사용할 수 있다.

　② 영상을 만들 때는 자막을 작성하고 적절한 자료를 넣어 편집한다.

매체

媒　體
중매 **매**　몸 **체**

매체란 어떤 사건이나 현상을 전달하는 물체나 수단을 의미해요.
신문, 잡지, 책 등은 '인쇄 매체', 영화, 텔레비전 등은 '영상 매체'예요.
요즘은 인터넷과 같은 '디지털 매체'를 가장 많이 사용해요.

1 알맞은 단어를 <보기>에서 찾아 문장을 완성하세요.

<보기> 구성 성과 저작권

(1) 모든 노래와 영화에는 _____ 이 있으므로 불법으로 사용해서는 안 된다.

(2) 양궁 대표팀은 이번 올림픽에서 기대 이상의 _____ 를 올렸다.

(3) 내용을 잘 전달하기 위해서는 글을 짜임새 있게 _____ 해야 한다.

2 밑줄 친 단어에 해당하는 한자를 쓰세요.

승우는 신청서를 잘못 **작성**해서
대회에 참가하지 못했다.

3 주어진 단어를 모두 넣어 문장을 만들어 보세요.

예
박물관 작품 ～～～ **박물관**의 **작품** 보존을 위해 관람객 수를 제한했다.

계획표 작성 ～～～

全

뜻　　소리

온전하다 **전**

옥을 흠 없이 보관하는 모습으로
'온전하다'라는 뜻을 나타내요.

知

뜻　　소리

알다 **지**

말을 화살처럼 빨리할 수 있을 만큼
많은 것을 안다는 뜻이에요.

🌱 **한자를 쓰면서 익혀요.**

ノ　人　人　仐　全　全

ノ　ㅅ　ㄷ　午　矢　知　知　知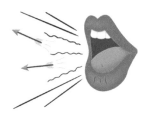

🌱 '전'과 '지'에 ○하고, 한자를 따라 쓰세요.

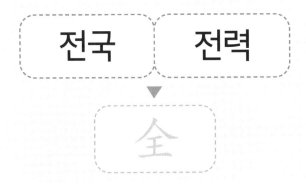

전국	전력

全

지식	미지

知

🌱 단어와 알맞은 뜻풀이를 연결하세요.

全知

全국
國 나라 국

全력
力 힘 력

知식
識 알 식

미知
未 아닐 미

모든 것을 다 **앎**
🔍 全은 '온', '모두'라는 뜻도 있어요.

아직 **알지** 못함

온 나라

한 가지 일에 **온** 힘을 다 함

배우거나 체험을 통해 **알게** 된 내용

🌱 다음 글을 읽고 물음에 답하세요.

> 동음이의어는 소리는 같지만 뜻은 다른 말이다. 예를 들어 '전력'이라는 단어는 '전류가 단위 시간 동안 하는 일'이라는 뜻의 전력(電力)과 '한 가지 일에 온 힘을 다한다'라는 뜻의 **전력**(全力)이 있다. '전지'라는 단어도 동음이의어이다. 전기에너지를 발생하는 장치인 전지(電池)와 모든 것을 다 안다는 뜻인 **전지**(全知)가 있다. 평소에 한자를 공부하거나 사전을 자주 찾아보면 동음이의어를 정확히 이해하는 데 도움이 된다.

(교과 연계) 6학년 국어 [6국04-01] 음성 언어 및 문자 언어의 특성을 이해하고 다양한 매체 자료에서 표현 효과를 평가한다.

(1) 동음이의어란 무엇인가요?   는 같지만   은 다른 말

(2) 다음을 읽고 맞는 것에 ○표, 틀린 것에 X표 하세요.

① 뜻은 같고 소리는 다른 말을 동음이의어라고 한다.

② 전력(全力)이란 한 가지 일에 온 힘을 다한다는 뜻이다.

미리 보는 중학교 교과서 한자 어휘 - 국어

전지적 작가 시점

全	知	的	作	家	視	點
온전할전	알지	과녁적	지을작	집가	볼시	점점

소설에서 이야기를 하는 서술자의 시각과 관점을 '시점'이라고 해요. 시점에는 여러 가지가 있는데, 그중 전지적 작가 시점이란 작가가 전지전능한 신처럼 등장인물의 행동과 태도, 내면까지 설명하며 이야기를 이끌어 가는 방식이에요.

1 알맞은 단어를 <보기>에서 찾아 문장을 완성하세요.

> 보기   전국   미지   전력

(1) 신종 바이러스가 퍼져   에 전염병이 돌고 있다.

(2) 야구 경기에서 투수가 온 힘을 다해 공을 던지는 것을   투구라 한다.

(3) 이 영화는 한 소녀가 아무도 가본 적 없는   의 세계를 탐험하는 내용이다.

2 밑줄 친 단어에 해당하는 한자를 쓰세요.

이 신화의 주인공은 **전지**전능한 신이다.

3 주어진 단어를 모두 넣어 문장을 만들어 보세요.

> 예
>
> 책   지식   책을 읽으면 다양한 분야의 지식을 쌓을 수 있다.

전국   기차

1 빈칸에 공통으로 들어가는 글자를 찾아 연결하세요.

(1) ☐국 ☐지 신新

(2) ☐품 저☐권 요要

(3) ☐문 혁☐ 작作

(4) ☐약 ☐점 전全

2 가로세로 열쇠의 뜻풀이를 읽고 퍼즐을 완성하세요.

가로 열쇠
① 둘 이상 여럿 사이에서 함께 통하는 점
② 마음에 느낀 것
③ 원고나 서류를 만들어 이루어 냄

세로 열쇠
④ 국가나 사회의 구성원에게 함께 속하거나 두루 관계되는 것
⑤ 실제로 체험하는 느낌
⑥ 사람들 입에서 입으로 전해져 들리는 말
⑦ 이루어 낸 결실

	①④ 공共			
				⑤
			②⑥ 소所	
③	⑦ 성成			

모순

矛 창 모   盾 방패 순

어떤 사실의 앞뒤가 이치상
어긋나 서로 맞지 않음

옛날 중국 전국시대 초나라에 창과 방패를 파는 상인이 있었어요. 그는 창을 팔면서 이렇게 외쳤어요.

"이 창은 예리해서 어떤 방패도 뚫을 수 있습니다!"

그리고 방패를 팔면서 이렇게 외쳤어요.

"이 방패는 튼튼해서 어떤 창도 막아낼 수 있습니다!"

그러자 이를 지켜보던 한 사람이 물었어요.

"그 창으로 그 방패를 찌르면 어떻게 됩니까?"

창과 방패를 팔던 상인은 우물쭈물하며 아무 말도 하지 못했어요.

《한비자》라는 책에 나오는 이야기예요. 모순이란 상인이 팔던 창과 방패처럼 어떤 사실의 앞뒤가 맞지 않다는 뜻으로, 글의 내용이나 상황이 이치에 어긋날 때 많이 쓰는 표현이에요. '달콤쌉쓸함', '공공연한 비밀'처럼 문학적인 표현으로도 자주 쓰여요.

2단원 사회

6일차

社 모일 **사**
會 모일 **회**

⬤ 월 ⬤ 일 😊

스스로
학습 계획을 세우고,
실천 후 😊 에
표시하세요.

7일차

道 길 **도**
路 길 **로**

⬤ 월 ⬤ 일 😊

9일차

場
所
마당 **장**
바 **소**

◯월 ◯일 😄

8일차

事
物
일 **사**
물건 **물**

◯월 ◯일 😄

10일차

去
來
갈 **거**
올 **래**

◯월 ◯일 😄

뜻 **소리**

모이다 **사**

토지 신에게 제사를 지내기 위해
사람들이 모였다는 뜻이에요.

뜻 **소리**

모이다 **회**

뚜껑이 있는 그릇에 음식이 담겨 있어요.
이 그릇을 중심으로 사람들이 밥을 먹기 위해
모였다는 뜻이에요.

🌱 한자를 쓰면서 익혀요.

一 一 二 千 示 示 示 社 社

丿 人 人 人 今 命 命 命 命 命 會 會 會 會

🌱 '사'와 '회'에 ○하고, 한자를 따라 쓰세요.

🌱 단어와 알맞은 뜻풀이를 연결하세요.

社會 ——————————— 같은 무리끼리 **모여** 이루는 집단

社직

稷 곡식 직

회사를 그만두고 물러남

퇴社

退 물러날 퇴

토지 신과 곡식 신으로 나라와 조정을 뜻함

🔍 社는 '토지를 다스리는 신'이라는 뜻도 있어요.

국會
國 나라 국

여럿이 **모여** 의견을 주고받으며 의논함

會의
議 의논할 의

국민을 대표하는 사람들이 **모여**
나랏일을 하는 곳

🌱 다음 글을 읽고 물음에 답하세요.

> **국회** 의원은 선거로 뽑힌 국민의 대표이다. **국회**는 **국회** 의원으로 구성된 입법 기관으로 주로 법을 만드는 일을 하며 법을 고치거나 없애기도 한다. 법은 **사회**에서 일어나는 문제를 해결하는 기준이 된다. **국회**의 또 다른 기능은 정부의 활동을 감시하고 비판하는 것이다.
>
> 국민의 의견은 **국회**를 통해 국정에 반영되고 이로써 공정하고 올바른 **사회**가 만들어진다. **국회**가 잘 운영되면 인권과 자유가 보장된다.

(교과 연계) 6학년 사회 [6사08-02] 민주 국가에서 국회, 행정부, 법원이 하는 일에 대해 이해하고, 각 국가기관의 권력을 분립하는 이유를 탐색한다.

(1) 국회는 어떤 곳인가요?　　　　　　　국회 의원으로 구성된　　　　　　　기관

(2) 다음을 읽고 맞는 것에 ○표, 틀린 것에 X표 하세요.

① 국회는 법을 만들 수는 있지만 고치지는 못한다.

② 국회가 잘 운영되면 인권과 자유가 보장된다.

미리 보는 중학교 교과서 한자 어휘 - 사회

사회	社會 VS 司會	★司 맡을 사
사회(社會)는 같은 무리끼리 모여 이루는 집단으로 학교에서 배우는 과목의 이름이기도 해요.		"삼촌이 오늘 결혼식의 사회를 보았다."할 때의 사회(司會)는 회의나 예식 등을 진행하거나 진행하는 사람을 뜻해요.

1 알맞은 단어를 <보기>에서 찾아 문장을 완성하세요.

> 보기   사직 퇴사 사회

(1) 우리나라는 다양한 인종과 문화가 함께 있는 다문화 [   ] 이다.

(2) 옛날에 국토와 곡식의 번창을 기원하는 제사를 지내던 곳을 [   ] 이라고 한다.

(3) 삼촌은 회사를 [   ] 하고 카페를 차리셨다.

2 밑줄 친 단어에 해당하는 한자를 쓰세요.

농경 **사회**에서는 날씨를 관찰하는
일이 중요하다.

3 주어진 단어를 모두 넣어 문장을 만들어 보세요.

> 예

국회 법 ~~~~ **국회**는 **법**을 만드는 기관이다.

가족 회의 ~~~~ [   ]

道

뜻 소리

길 도

사람이 걸어가는 길을 의미해요.
首는 머리, 辶은 걸어가는 것을 뜻해요.

路

뜻 소리

길 로

발로 길을 걷는다는 의미예요.

🌱 한자를 쓰면서 익혀요.

丶丷丷꾸꾸꾸首首首道道道

丨口口早早趵趵跘路路路路

🌱 '도'와 '로'에 ○하고, 한자를 따라 쓰세요.

보도	궤도

道

경로	활주로

路

🌱 단어와 알맞은 뜻풀이를 연결하세요.

道路 —————————— 사람이나 차가 다닐 수 있도록 만든 넓은 **길**

보道
步 걸음 보

① 지나는 **길**
② 일이 진행되는 순서

궤道
軌 바큇자국 궤

사람이 걸을 때 사용하도록 만든 **길**
🔍 흔히 '횡단보도'라고 해요.

경路
經 지날 경

① 기차가 다니도록 깔아 놓은 **길**
② 행성이 다른 천체의 둘레를 돌면서 그리는 곡선의 **길**

활주路
滑 미끄러울 활 走 달릴 주

미끄러져 내달리는 **길**
🔍 주로 비행기가 뜨거나 내릴 때 사용하는 길을 뜻해요.

🌱 다음 글을 읽고 물음에 답하세요.

1968년 우리나라에 처음으로 서울과 인천을 잇는 경인 고속 **도로**가 개통되었다. 이후 경부, 호남, 영동 고속 **도로** 등이 건설되었다. 고속 **도로**는 자동차 전용 **도로**로, 고속 **도로**를 이용하면 빠른 속도와 짧은 **경로**로 주요 도시를 오갈 수 있다. 고속 **도로**가 생기면서 도시 간 물자 이동과 국민의 이동성이 크게 향상되었다. 하지만 고속 **도로**는 일반 **도로**보다 차의 속도가 빠르기 때문에 교통 사고가 발생했을 때 피해가 크다.

(교과 연계) 6학년 사회 [6사07-02] 민주화와 산업화로 인해 달라진 생활 문화를 사례를 들어 이해한다.

(1) 우리나라 최초의 고속 도로는 무엇인가요?   고속 도로

(2) 다음을 읽고 맞는 것에 ○표, 틀린 것에 X표 하세요.

① 고속 도로는 오토바이도 통행이 가능한 도로다.

② 고속 도로로 인해 물자와 사람의 이동이 쉬워졌다.

미리 보는 중학교 교과서 한어 어휘 - 사회

보도	步道 VS 報道	★ 報 값을 보

보도(步道)는 사람들이 걸어 다닐 수 있도록 만든 길로 횡단보도, 보도블록 등으로 쓰여요.

"이 사건이 뉴스에 보도되었다.", "신문에 보도된 사실이 정확하지 않다." 할 때의 보도(報道)는 대중 매체를 통하여 사람들에게 새로운 소식을 알린다는 뜻이에요.

1 빈칸에 들어갈 알맞은 단어를 찾아 연결하세요.

(1)

> 비행기는   에서 이륙
> 준비 중이다.

●

● **경로**

(2)

> 김 박사님은 철새들의 이동
>   를 연구한다.

●

● **궤도**

(3)

> 열차가   를 이탈하는
> 사고가 났다.

●

● **활주로**

2 다음 중 도(道)가 쓰인 단어 2개를 찾아 ○하세요.

- 횡단**보도**에서 신호가 바뀌기를 기다리고 있다.
- **인도**로 차가 갑자기 뛰어들어 사고가 발생했다.
- **지도**를 펼쳐 어디로 갈 것인지 친구와 상의했다.

> **도움말**
>
> '길'과 관련된 단어를 골라 보세요.
> 다른 하나는 그림 도(圖)를 써요.

3 밑줄 친 단어에 해당하는 한자를 쓰세요.

고속 **도로**는 오로지 자동차만
통행할 수 있다.

事

뜻 소리

일 **사**

손에 도구를 들고 일을 한다는 뜻이에요.

物

뜻 소리

물건 **물**

소(牛)를 잡아서 제사에 쓰이는 물건을
만든다는 뜻에서 유래한 한자예요.

🌱 한자를 쓰면서 익혀요.

一 T 丐 丐 写 耳 事 事

ノ ト 牜 牜 牛 物 物 物

🌱 '사'와 '물'에 ○하고, 한자를 따라 쓰세요.

사례	사건

事

물가	부식물

物

🌱 단어와 알맞은 뜻풀이를 연결하세요.

事物 ——————————— 일과 **물건**

事례
例 법식 례

문제가 되거나 관심을 받을만한 **일**

事건
件 사건 건

물건의 **값**

物가
價 값 가

어떤 **일**이 실제로 일어난 예시

부식物
腐 썩을 부   植 심을 식

식물의 줄기나 뿌리가 썩어서 만들어진 **것**

🔍 物은 '물체', '~하는 것'이라는 뜻도 있어요.

45

🌱 다음 글을 읽고 물음에 답하세요.

> **물가**란 물건의 값으로, 여러 가지 상품과 서비스의 평균 가격 수준을 말한다. 즉, 우리가 일상에서 구매하는 다양한 물건의 가격을 종합적으로 나타낸 것이다.
>
> 갑자기 **물가**가 올라 나라 경제가 큰 혼란에 빠진 **사례**가 있다. 바로 짐바브웨에서 일어난 일로 1,000억 짐바브웨 달러로 고작 달걀 3개를 살 수 있을 정도로 **물가**가 올라 사람들의 생활이 아주 궁핍해졌다. 이렇게 화폐 가치는 떨어지고 **물가**가 계속 오르는 현상을 '인플레이션'이라고 한다.

(교과 연계) 5학년 사회 [6사11-01] 시장경제에서 가계와 기업의 역할을 이해하고, 근로자의 권리와 기업의 자유 및 사회적 책임을 탐색한다.

(1) 물가란 무엇인가요?   의 값으로, 상품과 서비스의 평균 가격 수준

(2) 다음을 읽고 맞는 것에 ○표, 틀린 것에 X표 하세요.

   ① 1,000억 짐바브웨 달러로 달걀 3개만 살 수 있었다.

   ② 인플레이션이란 물가가 계속 떨어지는 현상을 말한다.

미리 보는 중학교 교과서 한어 어휘 - 국어

사례	事例 VS 謝禮	★ 謝 사례할 사 ★ 禮 예절 례
사례(事例)는 어떤 일이 실제로 일어난 예시라는 의미로 '구체적인 사례를 들어 이야기하다' 등으로 쓰여요.	사례(謝禮)는 말이나 선물로 상대에게 고마움을 나타낸다는 의미로 '잃어버린 돈을 찾아 준 그에게 사례금을 주었다' 등으로 쓰여요.	

1 빈칸에 들어갈 알맞은 단어를 찾아 연결하세요.

(1)
> 정원 흙에는　　　　　이 많이
> 있어서 식물이 잘 자란다.

● 　　　● 부식물

(2)
> 최근에　　　　가 많이 올라
> 서 떡꼬치가 오천 원이나 한다.

● 　　　● 사건

(3)
> 경찰이　　　　을 해결하기
> 위해 여러 사람을 조사하고 있다.

● 　　　● 물가

2 다음 중 사(事)가 쓰인 단어 2개를 찾아 ○하세요.

• 그동안 이런 **사례**가 없어서 어떻게 해야 할지 난감하다.

• 환경 오염은 국제 **사회**의 가장 큰 문제다.

• 이 사진은 **사건**을 해결하는 결정적 증거였다.

> **도움말**
> '일'과 관련된 단어를 골라 보세요.
> 다른 하나는 모일 사(社)를 써요.

3 밑줄 친 단어에 해당하는 한자를 쓰세요.

독서를 하면 많은 **사물**의

이름을 알 수 있다.

場

마당 **장**

햇볕이 내리비치는 넓은 마당이라는 의미예요.

所

바 **소**

집에 도끼가 놓인 곳이라는 의미로
'~하는 곳', '~하는 것'을 뜻해요.

🌱 한자를 쓰면서 익혀요.

一十土圹圹圹圹場場場場

´ ⼾ ⼾ ⼾ ⼾ 所 所 所

🌱 '장'과 '소'에 ○하고, 한자를 따라 쓰세요.

🌱 단어와 알맞은 뜻풀이를 연결하세요.

場所 ——————————— 어떤 일이 일어나는 **곳**

🔍 場은 '~하는 곳'이라는 뜻도 있어요.

入場
入 들 입
　　　　　　　　　　　　가지고 있는 **것**

廣場
廣 넓을 광
　　　　　　　　　　　　널리 알려진 **곳**

名所
名 이름 명
　　　　　　　　　　　　많은 사람이 모일 수 있는 넓은 **곳**

所유
有 있을 유
　　　　　　　　　　　　어떤 **곳**으로 들어감

🌱 다음 글을 읽고 물음에 답하세요.

세계에는 각 나라를 상징하는 여러 **명소**가 있다. 프랑스의 **명소**인 에펠탑은 처음에는 사람들이 좋아하지 않았지만 지금은 파리의 상징이 되었다. 중국의 **명소**인 만리장성은 외적의 침입을 막기 위해서 건설되었으며 길이는 약 2만 킬로미터로 세계에서 가장 긴 성벽이다. 미국의 **명소**인 타임스 스퀘어는 뉴욕에 있는 번화한 **광장**으로 '세계의 교차로'라고 불린다. 많은 전광판과 네온사인으로 유명하며, 매년 새해 전야제 행사가 열리는 **장소**이다.

(교과 연계) 5학년 사회 [6사09-01] 세계를 표현하는 다양한 공간 자료의 특징을 이해하고, 지구본과 세계지도에서 위치를 표현하는 방법을 익힌다.

(1) 다음의 각 나라를 상징하는 명소는 어디인가요?

프랑스 -   , 중국 -   , 미국 -

(2) 다음을 읽고 맞는 것에 ○표, 틀린 것에 X표 하세요.

① 중국 만리장성은 황제의 생일을 축하하기 위해 건설되었다.

② 타임스 스퀘어는 '세계의 교차로'라고 불린다.

입장	入場 VS 立場	★立 설립
입장(入場)은 어떤 곳으로 들어간다는 의미로 입장권, 입장 시간 등에 쓰여요.	"입장을 바꾸어 생각해 보다.", "입장이 곤란하다." 할 때의 입장(立場)은 처해있는 상황을 뜻해요.	

1 알맞은 단어를 <보기>에서 찾아 문장을 완성하세요.

> **보기**   광장   입장   소유

(1) 콘서트의 _____ 시간이 될 때까지 입구에서 기다렸다.

(2) 축구 경기의 길거리 응원을 위해 _____ 에 사람들이 모였다.

(3) 공공시설은 개인 _____ 가 아니기 때문에 더욱 아껴 써야 한다.

2 밑줄 친 단어에 해당하는 한자를 쓰세요.

이 공원은 길이 넓고 나무가 많아
가족과 산책하기에 딱 알맞은 **장소**이다.

3 주어진 단어를 모두 넣어 문장을 만들어 보세요.

> **예**
> **여행   명소**
>
> 우리 가족은 주말마다 국내를 **여행**하며
> 여러 **명소**를 둘러볼 계획이다.

> **놀이공원   입장**

去

뜻 소리

가다 **거**

사람이 문밖으로 나가는 모습이에요.

來

뜻 소리

오다 **래**

원래 보리 이삭을 본뜬 글자로
지금은 '오다'라는 뜻으로 쓰여요.

🌱 한자를 쓰면서 익혀요.

一 十 土 去 去

一 厂 厂 厼 厼 來 來 來

🌱 '거'와 '래(내)'에 ○하고, 한자를 따라 쓰세요.

🌱 단어와 알맞은 뜻풀이를 연결하세요.

去來 ──────────

① **오고 감**
② 주고 받음
③ 사고 팜

과去
過 지날 과

아직 **오지** 않은 때

수去
收 거둘 수

거두어 **감**

미來
未 아닐 미

초대를 받고 **온** 손님

🔍 來는 단어의 첫머리에 오면 '내'로 소리 나요.

來빈
賓 손님 빈

이미 **지나간** 때

🌱 다음 글을 읽고 물음에 답하세요.

공정 **거래** 위원회는 1981년에 설립된 정부 기관으로 **과거**에는 주로 허위 및 과장 광고를 단속하며 소비자를 보호하는 역할을 했다. 현재는 공정한 시장 **거래**와 경쟁이 이루어질 수 있도록 감시하고, 특정 기업의 독점을 막는 등 역할이 더욱 확대되었다. 또한 **미래**에 더욱 중요해질 디지털 경제 시장과 세계 시장에서도 공정한 **거래** 질서를 확립하기 위해 노력하고 있다.

(교과 연계) 6학년 사회 [6사11-02] 경제성장이 우리 생활에 미치는 영향을 파악하고, 빠른 경제성장으로 발생한 문제의 해결 방안을 탐색한다.

(1) 공정 거래 위원회의 역할은 무엇인가요?

를 보호하고 공정한 시장 거래가 이루어지도록 감시함

(2) 다음을 읽고 맞는 것에 ○표, 틀린 것에 X표 하세요.

① 공정 거래 위원회는 기업을 보호하는 역할을 한다.

② 공정 거래 위원회는 세계 시장에서 공정한 거래 질서를 이루기 위해 노력한다.

과거	過去 VS 科擧	★科 과정 과 ★擧 들 거
과거(過去)는 이미 지나가 버린 때를 뜻해요.	"과거 시험에 합격하다." 할 때의 과거(科擧)는 고려와 조선 시대에 관리를 뽑을 때 실시하던 시험을 의미해요.	

1 알맞은 단어를 <보기>에서 찾아 문장을 완성하세요.

> 보기   미래 내빈 수거

(1) 환경 보호를 위해 분리   를 철저히 해야 한다.

(2)   에는 가정마다 집안일을 해주는 로봇이 생길 것이다.

(3) 사회자가   을 한 명씩 소개했다.

2 밑줄 친 단어에 해당하는 한자를 쓰세요.

요즘 인터넷을 이용한
중고 **거래**가 활발하다.

3 주어진 단어를 모두 넣어 문장을 만들어 보세요.

> 예
> 비밀 과거 ~~~ **과거**에 있었던 **비밀**을 친구에게 털어놓았다.

> 직업 미래 ~~~

1　빈칸에 공통으로 들어가는 글자를 찾아 연결하세요.

(1)　도□　　　경□　　　　　　　　　　　　　　로路

(2)　국□　　　□의　　　　　　　　　　　　　　사社

(3)　□회　　　퇴□　　　　　　　　　　　　　　회會

2　알맞은 단어를 <보기>에서 찾아 문장을 완성하세요.

> **보기**　　활주로　사건　거래　명소

(1)　경찰이신 우리 아빠는 각종 　　　　　　으로 항상 바쁘시다.

(2)　밤새 내린 비로 　　　　　　　가 미끄러워서 비행기가 대기 중이다.

(3)　이 빵집은 지역의 　　　　　　로 사람들로 항상 붐빈다.

3　다음 한자의 뜻과 소리를 쓰세요.

(1) 성당 앞 광場은 영화에 나온 곳으로 유명하다.　　　뜻:　　　소리:

(2) 이 식당은 우리 가족이 생일 때마다 오는 뜻깊은 장所이다.　　　뜻:　　　소리:

(3) 미來에는 새로운 직업이 많이 생겨날 것이다.　　　뜻:　　　소리:

가정맹어호

苛 政 猛 於 虎
가혹할 정치 사나울 어조사 호랑이
가 정 맹 어 호

가혹한 정치는
호랑이보다 무서움

공자가 제자들과 태산 옆을 지나가다가 무덤 옆에서 슬피 우는 여인을 보았어요.

어떤 이유로 우는지 묻자 여인은 이렇게 말했어요.

"몇 년 전 아버지가 호랑이에게 물려 세상을 떠나셨고, 지난해에는 남편마저 호랑이에게 목숨을 잃었습니다. 이번에는 아들이 또 그런 일을 당하고 말았습니다."

그러자 의아하게 생각한 공자의 제자 자로가 물었어요.

"그런데 어찌하여 호랑이가 자주 나타나는 이 산속을 떠나지 않으십니까?"

그러자 여인은 울음을 그치고 대답했어요.

"이곳에는 세금을 혹독하게 거두고 재물을 빼앗는 관리는 없습니다. 그래서 떠나지 않는 것입니다."

이 말을 들은 공자가 제자들에게 말했지요.

"잘 알아 두어라. 가혹한 정치는 호랑이보다 무섭다는 것을."

《예기》라는 책에 나오는 이야기예요. 옛날에는 호랑이가 자주 나타나 사람들에게 피해를 주었다고 해요. 호랑이가 사는 산속은 더욱 위험했지요. 그럼에도 백성들을 괴롭히는 탐관오리를 피해 산속에 사는 여인을 보며 가혹한 정치는 호랑이보다 더 무섭다는 것을 알 수 있어요.

11일차

公 공평할 공
立 설립

◯월 ◯일 😄

스스로
학습 계획을 세우고,
실천 후 😄에
표시하세요.

12일차

根 뿌리 근
本 근본 본

◯월 ◯일 😄

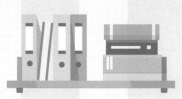

13일차

王 임금 **왕**
朝 아침 **조**

월 일 😊

14일차

活 살 **활**
動 움직일 **동**

월 일 😊

15일차

利 이로울 **리**
用 쓸 **용**

월 일 😊

公

뜻 소리

공평하다 **공**

그릇 속 밥을 공평하게 반으로 나누는 모습이에요.

立

뜻 소리

서다 **립**

땅 위에 사람이 서 있어요.

🌱 한자를 쓰면서 익혀요.

ノ 八 公 公

｀ 一 ゛ 一 ゛ 立 立

🌱 '공'과 '립(입)'에 ○하고, 한자를 따라 쓰세요.

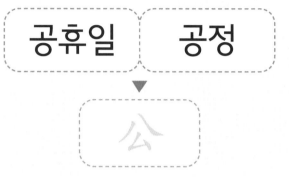

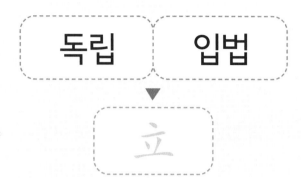

🌱 단어와 알맞은 뜻풀이를 연결하세요.

公立

公휴일
休 쉴 휴 日 날 일

公정
正 바를 정

독立
獨 홀로 독

立법
法 법 법

시도에서 **공적**으로 **세워** 운영함 또는 그런 시설
🔍 공립 학교, 공립 도서관 등으로 쓰여요.
🔍 '公'은 국가나 사회에 관계되는 것이라는 '공적'의 뜻도 있어요.

공평하고 올바름

국가나 사회에서 **공적**으로 정하여 쉬는 날

법을 **세움** → 법을 만듦
🔍 立은 단어의 첫머리에 오면 '입'으로 소리 나요.

다른 것에 기대지 않고 홀로 **섬**

🌱 다음 글을 읽고 물음에 답하세요.

> 우리나라에는 국가에서 정한 **공휴일**이 많다. 그중 삼일절은 1919년 3월 1일에 일어난 **독립**운동을 기념하는 날이다. 3·1운동은 일제 강점기에 우리 민족이 **독립**을 선언하고 일제에 저항한 **독립**운동이다. 1919년 3월 1일 서울 탑골공원에서 민족 대표 33인이 **독립**선언서를 발표했다. **독립** 선언 후, 전국적으로 수많은 사람이 거리로 나와 **독립** 만세를 외치며 평화적인 시위를 벌였다.

(교과 연계) 6학년 사회 [6사06-01] 일제의 식민 통치와 이에 대한 저항이 사회와 생활에 미친 영향을 이해한다.

(1) 삼일절은 어떤 날인가요?

1919년 3월 1일에 일어난 ＿＿＿＿＿＿＿＿ 을 기념하는 날

(2) 다음을 읽고 맞는 것에 ○표, 틀린 것에 X표 하세요.

① 삼일절은 공휴일이 아니다.

② 3·1운동은 일제에 저항한 독립운동이다.

미리 보는 중학교 교과서 한자 어휘

공사	
	예문 공사를 구분하다.
공(公) ⟷ 사(私)	
공은 공적인 것, 나라, 사회, 회사와 관련된 일을 뜻해요.	사는 사사롭다는 뜻으로 사적인 것, 개인적인 것을 의미해요.

1 알맞은 단어를 <보기>에서 찾아 문장을 완성하세요.

> **보기** 입법 공정 독립

(1) 국회는 법을 만드는   기관이다.

(2) 우리 증조할아버지께서는   운동에 목숨을 바치셨다.

(3) 선거는 항상   하게 치러져야 한다.

2 밑줄 친 단어에 해당하는 한자를 쓰세요.

공립 도서관은 공공시설로
누구나 이용할 수 있다.

3 주어진 단어를 모두 넣어 문장을 만들어 보세요.

예 **성인 독립** ⟫⟫ 그녀는 **성인**이 되자 고향을 떠나서 **독립**했다.

학교 공휴일 ⟫⟫

根

뜻   소리

뿌리 근

목(木)은 나무의 뿌리라는 뜻을 나타내고
간(艮)은 소리를 나타내요.
'간'이 '근'으로 바뀌었어요.

本

뜻   소리

근본 본

나무(木) 아래에 선을
표시해서 뿌리를 나타냈어요.

🌱 한자를 쓰면서 익혀요.

一 十 才 木 杧 柕 柤 柤 根 根 根

一 十 才 木 本

🌱 '근'과 '본'에 ○하고, 한자를 따라 쓰세요.

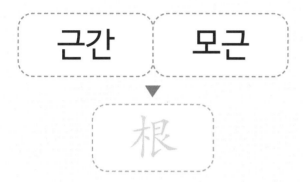

근간	모근

根

기본	민본

本

🌱 단어와 알맞은 뜻풀이를 연결하세요.

根本 ——————————

① 나무의 **뿌리**
② 사물의 본바탕

🔍 根과 本은 모두 '뿌리'라는 뜻을 가지고 있어요.

根간
幹 줄기 간

① 토대와 **뿌리**
② 사물의 가장 중요한 밑바탕

모根
毛 털 모

털이 피부에 박힌 **뿌리** 부분

기本
基 터 기

백성을 **근본**으로 함

민本
民 백성 민

① **뿌리**와 줄기
② 사물의 바탕이나 중심

🌱 다음 글을 읽고 물음에 답하세요.

조선 시대의 왕 중 백성을 나라의 **근본**으로 생각하는 **민본** 사상을 가장 잘 실천한 인물은 세종 대왕이다. 세종 대왕은 백성들이 쉽게 글을 배울 수 있도록 훈민정음을 창제하였다. 또한 농업을 중시하여 발전된 농업 기술을 보급하고 농업 생산성을 높였다. 이로써 백성들의 **기본**적인 생활을 안정시켜 다 같이 잘사는 사회를 만들고자 했다. 세종 대왕은 백성들의 건강을 위해 의학 서적인 《향약집성방》을 편찬하고, 의료 제도를 정비하여 백성들이 쉽게 의료 서비스를 받을 수 있도록 하였다.

(교과 연계) 6학년 사회 [6사05-01] 조선 시대 사람들의 생각과 생활에 유교 문화가 미친 영향을 파악한다.

(1) 민본 사상이란 무엇인가요?　　　백성을 나라의 　　　　　으로 생각하는 사상

(2) 다음을 읽고 맞는 것에 ○표, 틀린 것에 X표 하세요.

① 세종 대왕은 농업보다는 상업을 중시했다.

② 세종 대왕은 백성들의 건강을 위해 의료 제도를 정비했다.

미리 보는 중학교 교과서 한자 어휘

본말　　　예문 본말이 전도되다.

본(本)	⟷	말(末)
본은 뿌리라는 뜻으로 어떤 일의 근본, 중요한 것을 의미해요.		말은 나뭇가지 끝을 나타내며 일의 끝, 중요하지 않은 것을 뜻해요.

1 알맞은 단어를 <보기>에서 찾아 문장을 완성하세요.

> 보기 모근 기본 근간

(1) 선거는 민주주의 사회의 _____ 이 되는 가장 중요한 일이다.

(2) 머리를 제대로 감아야 _____ 이 건강해진다.

(3) 수영을 배울 때는 가장 _____ 인 숨쉬기부터 연습해야 한다.

2 밑줄 친 단어에 해당하는 한자를 쓰세요.

늦은 밤까지 게임을 하는 것이
지각의 **근본**적인 원인이다.

3 주어진 단어를 모두 넣어 문장을 만들어 보세요.

예 **백성 근본**   왕은 **백성**을 나라의 **근본**으로 생각해야 한다.

준비물 기본

王

뜻   소리

임금 **왕**

하늘과 땅 사이에 힘을 가진 사람의 모습이에요.

朝

뜻   소리

아침 **조**

달이 지고 풀 사이로 해가 뜨는 모습에서
아침을 뜻해요.

🌱 한자를 쓰면서 익혀요.

一 丁 王 王

一 十 十 古 古 古 直 卓 朝 朝 朝 朝

❦ '왕'과 '조'에 ○하고, 한자를 따라 쓰세요.

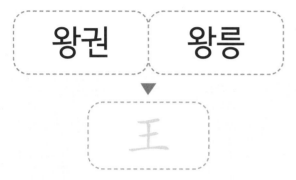

❦ 단어와 알맞은 뜻풀이를 연결하세요.

王朝 ——————————— 같은 **왕**가가 다스리는 **시대**
🔍 朝는 '시대', '왕조'라는 뜻도 있어요.
🔍 흔히 고려 왕조, 조선 왕조라고 써요.

王權
權 권리 권

왕이 지닌 권력

王陵
陵 언덕 릉

학교나 관청에서 모든 구성원이
아침에 모이는 일

朝會
會 모일 회

손님을 초대하여 먹는 **아침** 식사

朝찬
餐 먹을 찬

언덕처럼 쌓은 **왕**의 무덤

🌱 다음 글을 읽고 물음에 답하세요.

고려는 918년 태조 왕건이 후삼국을 통일하고 세운 나라이다. 고려 **왕조**는 **왕권**에 비해 지방 토호 세력이 강하였다. 고려 4대 왕인 광종은 능력에 따라 관리를 선발하는 과거제와 원래 양민이었던 노비를 해방하는 노비안검법을 실시하여 **왕권**을 강화하였다. 6대 왕 성종은 최승로가 올린 <시무 28조>를 받아들여 유교를 바탕으로 여러 제도를 만들었고, 이는 중앙집권의 기틀이 되었다. <시무 28조>의 주요 내용으로는 "불교를 믿는 것은 자신을 닦는 근본이며 유교를 행하는 것은 나라를 다스리는 근원이다." 등이 있다.

(교과 연계) 5학년 사회 [6사04-03] 다양한 역사 자료를 활용하여 고려 시대 사회 모습과 사람들의 생활을 추론한다.

(1) 고려는 언제 누구에 의해 건국되었나요?　　　　　　　918년 태조

(2) 다음을 읽고 맞는 것에 ○표, 틀린 것에 X표 하세요.

① 광종은 왕권 강화를 위해 과거제를 실시했다.

② 고려 시대에는 불교를 믿지 않고 유교만을 중시했다.

미리 보는 중학교 교과서 한자 어휘

조석	예문 부모님께 조석으로 문안을 드린다.

조(朝)	⟷	석(夕)
조는 아침이란 뜻으로 흔히 아침밥을 '조식'이라고 해요.		석은 저녁이란 뜻으로 흔히 저녁밥을 '석식'이라고 해요.

1 빈칸에 들어갈 알맞은 단어를 찾아 연결하세요.

(1)

> 선생님께서   시간에 오늘 행사에 대해 안내해 주셨다.

조회

(2)

> 경주에는 신라 시대의 큰   이 많이 있다.

조찬

(3)

> 대통령과 국회 의원들이   을 함께 하며 회의를 했다.

왕릉

2 다음 중 조(朝)가 쓰인 단어 2개를 찾아 ○하세요.

- 우리 학교는 월요일마다 **조회**를 하기 위해 모두 강당으로 모인다.
- **조식**으로 맛있는 전복죽이 나왔다.
- **조부모님**과 함께 제주도로 여행을 떠났다.

> **도움말**
> '아침'과 관련된 단어를 골라 보세요.
> 다른 하나는 할아버지 조(祖)를 써요.

3 밑줄 친 단어에 해당하는 한자를 쓰세요.

≪조선**왕조**실록≫은 조선 제1대 왕 태조에서 제25대 왕 철종까지의 역사를 기록한 것이다.

活

뜻	소리

살다   **활**

목이 마른 사람의 혀(舌)에
물(氵)을 적셔서 살린다는 의미예요.

動

뜻	소리

움직이다   **동**

무거운(重) 물건을 힘(力)을 써서
움직이는 모습이에요.

🌱 한자를 쓰면서 익혀요.

丶 丶 氵 汗 汗 汗 活 活 活

一 二 千 千 台 台 重 重 重 動 動

72

🌱 '활'과 '동'에 ○하고, 한자를 따라 쓰세요.

생활	사활
▼
活

능동	동기
▼
動

🌱 단어와 알맞은 뜻풀이를 연결하세요.

活動 ——————————

생活
生 날 생

사活
死 죽을 사

능動
能 능할 능

動기
機 틀 기

① **살아 움직임**
② 어떤 일을 하기 위해 힘씀

① 죽는 것과 **사는 것**
② 중대한 문제

활동하며 **살아감**

일이나 **움직임**을 일으키는 계기

🔍 '계기'는 어떤 일이 일어나거나 변화하도록 만드는 결정적인 원인이나 기회를 뜻해요.

스스로 내켜서 **움직임**

🔍 '능동'의 반대말은 '수동(受動)'으로 남에 의해 하는 것을 뜻해요.

73

🌱 다음 글을 읽고 물음에 답하세요.

> 우리는 현재 남아있는 여러 역사 기록과 유적, 유물을 통해 과거 선조들의 **생활** 모습을 유추할 수 있다. 고조선의 대표적인 유물로는 비파형 동검과 탁자식 고인돌이 있다. 비파형 동검은 악기 비파를 닮은 칼로 중국 동검과 달리 칼날과 손잡이를 따로 만들어서 조립한 것이 특징이며 날카롭지 않아 지배층의 장신구로 여겨진다. 탁자식 고인돌은 청동기 시대 지배층의 무덤이다. 비파형 동검과 고인돌을 통해 고조선은 지배 계층이 있는 **생활** 환경이었음을 알 수 있다.

(교과 연계) 5학년 사회 [6사04-02] 역사 기록이나 유적과 유물에 나타난 고대 사람들의 생각과 생활을 추론한다.

(1) 과거 선조들의 생활은 어떻게 알 수 있나요?   기록과 유적, 유물을 통해

(2) 다음을 읽고 맞는 것에 ○표, 틀린 것에 X표 하세요.

① 비파형 동검은 고려의 대표적인 유물이다.

② 탁자식 고인돌은 청동기 시대 지배층의 무덤이다.

동정   예문 동정을 살피다.

동(動)   ↔   정(靜)

동은 '움직이다'라는 뜻이에요.   정은 '고요하다, 멈추다'라는 뜻이에요.

1 빈칸에 들어갈 알맞은 단어를 찾아 연결하세요.

(1)
> 호랑이는 야행성 동물로 주로 밤에
> 　　　　　　한다.

• 　　　　• 사활

(2)
> 스스로 계획을 세우고 　　　　적으로
> 공부해야 효과가 좋다.

• 　　　　• 능동

(3)
> 이번 프로젝트에 우리의 　　　　이
> 걸렸어!

• 　　　　• 활동

2 다음 중 동(動)이 쓰인 단어 2개를 찾아 ○하세요.

• 이 책과 저 책은 표지는 다르지만 내용은 **동일**하다.

• 우리 엄마는 **운동**을 꾸준히 하셔서 젊어 보이신다.

• 우연히 읽은 책 한 권이 공부를 열심히 하게 된
　동기가 되었다.

> **도움말**
> '움직이다'와 관련된 단어를 골라 보세요.
> 다른 하나는 같을 동(同)을 써요.

3 밑줄 친 단어에 해당하는 한자를 쓰세요.

우리 가족은 바닷가를 청소하는 봉사 **활동**을
꾸준히 하고 있다.

利

뜻　소리

이롭다 **리**

벼(禾)를 날카로운 칼(刂)로 베는 모습이에요.
벼를 수확하면 생활에 도움이 되기 때문에
'이롭다'라는 뜻이 되었어요.

用

뜻　소리

쓰다 **용**

나무통의 모습을 본뜬 글자로
여러 가지를 담을 수 있는 나무통처럼
'쓰임'이 있다는 뜻이에요.

🌱 한자를 쓰면서 익혀요.

´ 二 千 禾 禾 利 利

丿 刀 刀 月 用

❦ '리(이)'와 '용'에 ○하고, 한자를 따라 쓰세요.

❦ 단어와 알맞은 뜻풀이를 연결하세요.

利用

利점
點 점 점

유利
有 있을 유

실用
實 열매 실

남用
濫 넘칠 남

필요에 따라 **이롭게 씀**
🔍 利는 단어의 첫머리에 오면 '이'로 소리 나요.

이로움이 있음

실제로 **씀**

일정한 기준을 넘어 함부로 **씀**

이로운 점

77

🌱 다음 글을 읽고 물음에 답하세요.

> 조선 후기 임진왜란과 병자호란을 거치며 백성들의 생활이 매우 어려워졌다. 이 시기에 박지원, 홍대용과 같은 실학자들은 실제 백성들의 생활에 도움이 되는 **실용**적인 학문을 강조했다. 이것을 '**이용**후생'이라고 한다. 여기서 **이용**(利用)이란 '이롭게 쓰다'라는 뜻이고, 후생(厚生)은 '생활을 풍족하게 한다'라는 뜻이다. 구체적으로 제시한 방법에는 농업 시설 및 기술 개선과 상공업 활성화 등이 있다.

(교과 연계) 6학년 사회 [6사05-02] 조선 후기 사회·문화적 변화와 개항기 근대 문물 수용 과정에서 달라진 사람들의 생활을 이해한다.

(1) 이용후생이란 어떤 뜻인가요?

물건을 이롭게 써 백성들의 생활을   하게 함

(2) 다음을 읽고 맞는 것에 ○표, 틀린 것에 X표 하세요.

① 조선 후기 실용적인 학문을 강조한 사람을 실학자라고 한다.

② 이용후생은 농업과 더불어 상공업 활성화를 제시하였다.

미리 보는 중학교 교과서 한자 어휘 – 사회

이해

(예문) 이해관계를 따지다.

이(利)	⟷	해(害)
이는 '이롭다, 이익'이라는 뜻이에요.		해는 '해치다, 손해'라는 뜻이에요.

1 알맞은 단어를 <보기>에서 찾아 문장을 완성하세요.

> 보기   이점 남용 유리

(1) 약을 _____ 하면 건강을 해친다.

(2) 기차는 빠르고 안전하다는 _____ 이 있다.

(3) 오늘 편한 바지를 입고 와서 달리기를 할 때 _____ 했다.

2 밑줄 친 단어에 해당하는 한자를 쓰세요.

대중교통을 **이용**하면
환경 보호에 도움이 된다.

3 주어진 단어를 모두 넣어 문장을 만들어 보세요.

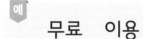 무료 이용 ～～～ 주민들은 이 체육관의 시설을 **무료**로 **이용**할 수 있다.

제품 실용 ～～～

1 빈칸에 공통으로 들어가는 글자를 연결하세요.

(1) ◯본　　◯간　　　　　　　　　　　활活

(2) 독◯　　◯법　　　　　　　　　　　립立

(3) 생◯　　사◯　　　　　　　　　　　동動

(4) 활◯　　능◯　　　　　　　　　　　근根

2 가로세로 열쇠의 뜻풀이를 읽고 퍼즐을 완성하세요.

가로 열쇠
　① 국가나 사회에서 공적으로 정하여 쉬는 날
　② 필요에 따라 이롭게 씀
　③ 언덕처럼 쌓은 왕의 무덤

세로 열쇠
　④ 시도에서 공적으로 세워 운영함 또는 그런 시설
　⑤ 실제로 씀
　⑥ 이로운 점
　⑦ 왕이 지닌 권력

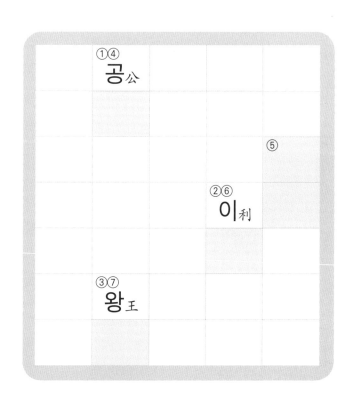

80

함흥차사

咸 다 함
興 일어날 흥
差 사신 보낼 차
使 사신 사

함흥에 보낸 사신처럼
심부름을 가서 오지 않거나
늦게 온 사람

조선을 건국한 태조 이성계에게는 8명의 아들이 있었어요. 이성계가 막내에게 왕위를 물려주려고 하자 형제 중 가장 왕위를 탐냈던 다섯째 아들 방원은 화가 났어요. 방원은 막내 방석과 그 위의 동생인 방번을 죽이고 둘째 형인 방과를 왕위에 오르게 했어요. 바로 조선 2대 왕 정종이지요. 정종은 3년 동안 허수아비 왕 노릇을 하다가 물러났고 결국 방원이 조선 3대 왕 태종이 되었어요.

이렇게 아들들이 왕의 자리를 두고 서로 싸우자, 태조 이성계는 자신이 나고 자란 북쪽 끝 함흥으로 가버렸어요. 태종 이방원은 아버지로부터 왕위 계승을 허락받고 왕권을 안정시키기 위해 아버지를 한양으로 모셔 오려고 했어요. 그래야 비로소 당당한 왕으로 인정받을 수 있으니까요. 태종은 아버지를 설득하기 위해 여러 차례 함흥으로 사신을 보냈지만 이성계는 사신들을 죽이거나 잡아 가두고 돌려보내지 않았어요.

이 이야기가 백성들 사이에서 널리 퍼지면서 함흥에 간 사신이라는 뜻의 '함흥차사'가 아무리 기다려도 소식이 없는 상황을 비유하는 말로 널리 쓰이게 되었어요.

왔다 왔어!

지난주에 주문한 내 게임은 함흥차사네.

4단원 수학

16일차

直 곧을 **직**
角 뿔 **각**

⬤ 월 ⬤ 일 😄

스스로
학습 계획을 세우고,
실천 후 😄 에
표시하세요.

17일차

算 셀 **산**
數 셀 **수**

⬤ 월 ⬤ 일 😄

19일차

等 같을 **등**
號 이름 **호**

⬤ 월 ⬤ 일 😊

18일차

合 합할 **합**
同 같을 **동**

⬤ 월 ⬤ 일 😊

20일차

圖 그림 **도**
形 모양 **형**

⬤ 월 ⬤ 일 😊

뜻	소리
곧다	**직**

눈(目) 위에 선을 넣어 '똑바로' 본다는 뜻이에요.

뜻	소리
뿔	**각**

동물의 뿔을 본뜬 모습이에요.

🌱 한자를 쓰면서 익혀요.

一 十 亣 古 吉 直 直 直

丿 ク 夕 夕 甬 角 角

🌱 '직'과 '각'에 ○하고, 한자를 따라 쓰세요.

🌱 단어와 알맞은 뜻풀이를 연결하세요.

直角 ————

直선
線 줄 선

直접
接 이을 접

예角
銳 날카로울 예

두角
頭 머리 두

곧은 각, 두 직선이 만나 이루는 90°의 각

🔎 선과 선이 만나서 생기는 뿔처럼 뾰족한 모서리를 '각'이라고 해요.

① 짐승의 머리에 있는 **뿔**
② 뛰어난 재능

굽은 데가 없는 **곧은** 선

날카로운 **각**, 0°보다는 크고 직각보다는 작은 각

🔎 직각보다는 크고 180°보다 작은 각은 '둔각(鈍角)'이라고 해요.

곧바로 연결 됨

🔎 '직접'의 반대말은 '간접(間接)'으로 중간에 다른 것을 통해 맺어지는 관계를 뜻해요.

85

🌱 다음 글을 읽고 물음에 답하세요.

> '각도'란 두 **직선**이 만나서 벌어지는 정도를 숫자로 나타낸 것으로, 즉 각의 크기이다. 각은 크기에 따라 **예각**, **직각**, 둔각, 평각이 있다. **직각**은 90°이다. **예각**은 0°보다 크고 **직각**보다 작은 각으로 뾰족해 보인다. 둔각은 **직각**보다 크고 180°보다 작은 각으로 넓어서 둔해 보인다. 평각은 180°이다.
>
> 삼각형의 내각의 합은 180°이다. **예각**이 3개인 삼각형을 **예각** 삼각형, 둔각이 1개이면 둔각 삼각형, **직각**이 1개이면 **직각** 삼각형이라고 한다.

(교과 연계) 5학년 수학 [6수03-14] 평행사변형, 삼각형, 사다리꼴, 마름모의 넓이를 구하는 방법을 다양하게 추론하고, 이와 관련된 문제를 해결할 수 있다.

(1) 다음 각의 각도는 얼마인가요?   직각 -   , 평각 -

(2) 다음을 읽고 맞는 것에 ○표, 틀린 것에 X표 하세요.

① 예각은 90°이다.

② 삼각형의 내각의 합은 180°이다.

미리 보는 중학교 교과서 한자 어휘 - 수학

예각(銳角)	둔각(鈍角)
날카로울 예(銳)를 써서 날카로운 각이라는 뜻이에요. 0°보다 크고 90°보다 작아서 뾰족하고 날카로워요.	둔할 둔(鈍)을 써서 둔한 각이라는 뜻이에요. 90°보다 크고 180°보다는 작아서 무디고 둔해요.

1 알맞은 단어를 <보기>에서 찾아 문장을 완성하세요.

> 보기   두각   직선   직접

(1) 아빠 생신을 맞아 내가 ⬚⬚⬚⬚ 케이크를 만들었다.

(2) 평행하는 두 ⬚⬚⬚ 은 절대 만날 수 없다.

(3) 그는 어릴 때부터 수영에 남다른 ⬚⬚⬚ 을 나타냈다.

2 밑줄 친 단어에 해당하는 한자를 쓰세요.

자를 대고 **직각**으로 선을 그었다.

3 주어진 단어를 모두 넣어 문장을 만들어 보세요.

예
축구   두각

> 희승이는 여러 선수 중에서도 눈에 띌 정도로
> **축구**에 **두각**을 나타냈다.

편지   직접

算

뜻	소리
세다	**산**

대나무로 만든 주판으로
수를 계산하고 있어요.

數

뜻	소리
세다	**수**

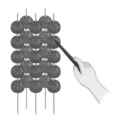

포개져 있는 물건을
손으로 세고 있는 모습이에요.

🌱 한자를 쓰면서 익혀요.

算

數

🌱 '산'과 '수'에 ○하고, 한자를 따라 쓰세요.

🌱 단어와 알맞은 뜻풀이를 연결하세요.

算數 ——————

① 수를 **셈**
② 셈의 기초를 가르치는 과목

예算
豫 미리 예

필요한 비용을 미리 **계산**함

🔍 '계산'이란 수를 세서 헤아리는 것이에요.

검算
檢 검사할 검

일의 자리보다 작은 자리 값을 가진 **수**

🔍 3.14, 0.5 등을 소수라고 해요.

소數
小 작을 소

계산의 결과가 맞는지 다시 검사함

미지數
未 아닐 미 知 알지

① 방정식에서 구하려고 하는 **수**
② 아직 알지 못하는 앞일

🌱 다음 글을 읽고 물음에 답하세요.

> 수학에서 **소수**는 일의 자리보다 작은 자릿값을 가진 수로 **소수**점(.)을 사용해서 표현한다. **소수**는 **소수**점을 중심으로 정수 부분과 **소수** 부분으로 나뉘는데, 3.14에서 3은 정수 부분이고, 0.14는 **소수** 부분이다.
>
> **소수**의 크기를 비교할 때는 먼저 정수 부분을 비교하고, 정수가 같으면 **소수**점 앞 자릿수부터 크기를 비교한다. 예를 들면, 3.14와 2.09 중에는 3.14가 더 크고, 1.21과 1.23중에는 1.23이 더 크다.

(교과 연계) 5학년 수학 [6수01-12] 분수와 소수의 관계를 이해하고 크기를 비교하며 그 방법을 설명할 수 있다.

(1) 수학에서 '소수'란 무엇인가요?

일의 자리보다   자릿값을 가진 수

(2) 다음을 읽고 맞는 것에 ○표, 틀린 것에 X표 하세요.

① 소수점을 중심으로 정수 부분과 소수 부분으로 나뉜다.

② 소수의 크기를 비교할 때는 뒷 자릿수부터 비교한다.

미리 보는 중학교 교과서 한자 어휘 - 수학

정수(整數)

정수란 양의 정수, 0, 음의 정수를 통틀어 이르는 말이에요. 가지런할 정(整)을 써서 소수(小數) 없이 가지런하게 놓인 수라는 뜻으로 -4, -3, 0, 1, 2, 3 등을 말해요.

자연수(自然數)

양의 정수만을 일컬어 자연수라고 해요.

자연에서 사용할 수 있는 수라는 의미로 1부터 시작하여 하나씩 더하여 얻는 수를 말해요.

1 알맞은 단어를 <보기>에서 찾아 문장을 완성하세요.

> 보기   예산   소수   미지수

(1) 이번 작전이 성공을 거둘지는   다.

(2) 여름 방학 때 가족여행에서 쓸   을 짜고 있다.

(3) 둘의 이번 수영 대회 기록은   점 둘째 자리까지 똑같았다.

2 밑줄 친 단어에 해당하는 한자를 쓰세요.

누나는 **산수**를 잘해서
복잡한 계산도 척척 해낸다.

3 주어진 단어를 모두 넣어 문장을 만들어 보세요.

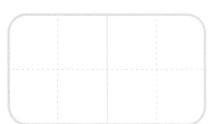

예산   나라   국회에서는 매년 **나라**의 **예산**을 짜기 위해 회의를 한다.

시험   검산

뜻   소리

합하다 **합**

뚜껑과 그릇이 합쳐져 있는 모습이에요.

뜻   소리

같다 **동**

엄마, 아빠
사랑해요.

말(口)이 하나(一)로 모인다는 의미에서
'같다'를 뜻해요.

🌱 한자를 쓰면서 익혀요.

丿 人 𠆢 今 合 合

丨 冂 冃 同 同 同

❦ '합'과 '동'에 ○하고, 한자를 따라 쓰세요.

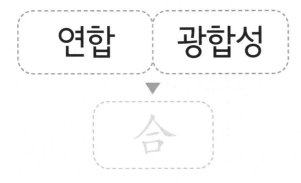

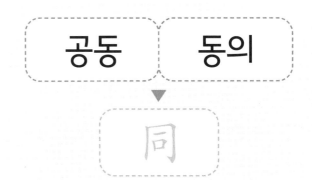

❦ 단어와 알맞은 뜻풀이를 연결하세요.

合同

연合
聯 이을 련

광合성
光 빛 광   成 이룰 성

공同
共 함께 공

同의
義 뜻 의

① 일이나 행동을 **함께 같이** 함
② 모양과 크기가 같아서 포개었을 때 완전히
   겹치는 두 도형

녹색 식물이 빛으로 영양분을 **합성하여** 만듦

뜻이 **같음**

둘 이상의 단체가 서로 **합쳐져**
하나의 단체를 만듦

여러 사람이 **같이** 일을 하거나 참여함

🌱 다음 글을 읽고 물음에 답하세요.

> 도형의 닮음이란 두 도형이 서로 크기는 다르지만 모양이 같은 것을 말한다. 그중에서도 모양과 크기가 똑같아서 한 도형을 다른 도형 위에 딱 맞게 올려놓을 수 있는 경우를 **합동**이라고 한다.
>
> **합동**인 두 도형을 완전히 겹쳤을 때 겹치는 두 도형의 꼭짓점, 변, 각을 각각 대응점, 대응변, 대응각이라고 한다. 삼각형의 **합동** 조건은 대응하는 세 변의 길이가 같을 때, 대응하는 두 변의 길이와 사이에 낀 각의 크기가 같을 때, 대응하는 한 변의 길이와 양 끝 각의 크기가 같을 때이다.

(교과 연계) 5학년 수학 [6수03-01] 도형의 합동을 이해하고, 합동인 도형의 성질을 탐구하고 설명할 수 있다.

(1) 닮음인 도형들은 무엇이 같나요?

(2) 다음을 읽고 맞는 것에 ○표, 틀린 것에 X표 하세요.

　① 합동인 두 도형은 모양은 같지만 크기는 같지 않다.

　② 합동인 두 도형의 꼭짓점을 대응점이라고 한다.

미리 보는 중학교 교과서 한자 어휘 - 수학

합동(合同)

수학에서 합동이란 두 도형을 겹쳤을 때 같다는 의미로 크기와 모양이 같은 두 도형을 포개었을 때 꼭 맞는 것을 뜻해요.

대응(對應)

대응이란 대상이 주어진 어떤 관계에 의하여 서로 짝이 되는 일을 말해요. 그래서 합동인 두 도형의 짝을 이루는 점, 변, 각을 대응점, 대응변, 대응각이라고 불러요.

1 빈칸에 들어갈 알맞은 단어를 찾아 연결하세요.

(1)
> 교복을   으로 구매하니 훨씬 값이 싸졌다.

•   • 연합

(2)
> 신라는 당나라와   하여 삼국 통일을 이루었다.

•   • 광합성

(3)
> 식물은   을 통해 산소를 만들어 낸다.

•   • 공동

2 다음 중 동(同)이 쓰인 단어 2개를 찾아 ○하세요.

- 이 과자는 포장만 바뀌고 내용물은 **동일**하다.
- 동생은 내 의견에 **동의**하지 않는지 입을 삐죽 내밀었다.
- 다리를 다쳐 당분간 자유로운 **활동**이 어렵다.

> **도움말**
> '같다'와 관련된 단어를 골라 보세요.
> 다른 하나는 움직일 동(動)을 써요.

3 밑줄 친 단어에 해당하는 한자를 쓰세요.

동생과 나는 저녁으로 치킨을 먹기 위해 **합동** 작전을 펼쳤다.

等

뜻	소리
같다	**등**

대나무 가지(竹)처럼 물건을 가지런히 정리해
둔다는 의미에서 '같다'라는 뜻이 생겼어요.

號

뜻	소리
이름	**호**

재회야!

입(口)으로 이름을 부른다는 의미에요.
호(虎)는 소리를 나타내는 부분이에요.

🌱 한자를 쓰면서 익혀요.

ノ 𠂉 𠂇 � 竹 竻 竻 笙 笙 筈 等 等

丨 卩 吅 므 号 号¹ 骅 號 骅 骅 號 號 號

🌱 '등'과 '호'에 ○하고, 한자를 따라 쓰세요.

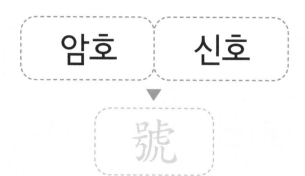

🌱 단어와 알맞은 뜻풀이를 연결하세요.

等號 ──────── 두 식 또는 두 수가 **같음**을 나타내는 **기호**

🔍 등호는 '＝'으로 나타내요.
🔍 號는 '기호'라는 뜻도 있어요.

동等
同 같을 동

지도에서 높이가 **같은** 지점들을 연결한 선

等고선
高 높을고 線 줄선

등급이나 정도가 **같음**

암號
暗 어두울 암

기호나 글자, 소리로 내용이나 정보를 전달함
또는 그렇게 하는 데 쓰는 부호

신號
信 믿을 신

다른 사람은 모르도록 비밀로 만든 **기호**

🌱 다음 글을 읽고 물음에 답하세요.

> 혼합 계산이란 식 하나에 덧셈, 뺄셈, 곱셈, 나눗셈이 섞여 있는 것으로 계산 순서가 중요하다. 괄호가 있다면 괄호 안에 있는 식을 먼저 계산한 후, 곱셈과 나눗셈, 덧셈과 뺄셈 순으로 계산한다. 식의 끝에는 **등호**를 쓰고 답을 적는다.
>
> **등호**는 두 값이 같다는 것을 나타내는 기호로 '='이라고 쓴다. 16세기 영국의 수학자인 로버트 레코드에 의해 발명되었다. 레코드는 두 개의 평행한 선이 가장 평등하고 동일하다고 생각해서 '같다'를 나타내는 기호로 선택하였다. **등호**를 사용하면서 복잡한 수학식을 쉽게 나타낼 수 있게 되었다.

(교과 연계) 5학년 수학 [6수01-01] 덧셈, 뺄셈, 곱셈, 나눗셈의 혼합 계산에서 계산하는 순서를 알고, 혼합 계산을 할 수 있다.

(1) 등호란 무엇인가요?　　　　두 값이 　　　　　　　　　는 것을 나타내며 '='이라고 쓴다.

(2) 다음을 읽고 맞는 것에 ○표, 틀린 것에 X표 하세요.

① 등호는 영국의 수학자 로버트 레코드에 의해 발명되었다.

② 혼합 계산에서 덧셈을 가장 먼저 계산한다.

미리 보는 중학교 교과서 한자 어휘 - 수학

등호(等號)	⟷	부등호(不等號)
등호는 양변의 두 값이 같다는 것을 나타내는 기호로 '='으로 나타내요.		부등호는 양변의 값이 같지 않다는 것을 나타내는 기호로 크고 작음을 비교하며, <, >, ≤, ≥ 등으로 나타내요.

1 빈칸에 들어갈 알맞은 단어를 찾아 연결하세요.

(1)
교통 　　　　를 잘 지켜야 안전하게 길을 건널 수 있다.

(2)
지도에서 　　　　이란 해수면을 기준으로 같은 높이의 지점을 이은 선이다.

(3)
모든 사람은 법 앞에서 　　　　하게 대우 받아야 한다.

동등

신호

등고선

2 다음 중 호(號)가 쓰인 단어 2개를 찾아 ○하세요.

- 아빠는 엄마의 친절한 태도에 처음부터 **호감**을 느끼셨다고 한다.

- **번호**가 기억나지 않아 전화를 하지 못했다.

- 사이트에 로그인하려면 **암호**를 입력해야 한다.

도움말

'이름, 기호'와 관련된 단어를 골라 보세요.
다른 하나는 좋을 호(好)를 써요.

3 밑줄 친 단어에 해당하는 한자를 쓰세요.

등호는 두 값이 동일함을 나타내는 기호이다.

뜻	소리		뜻	소리
그림	**도**		모양	**형**

족자에 그림이 그려진 모습이에요.

나무틀에 새겨진 무늬 모양을
본뜬 글자로 '모양'을 뜻해요.

🌱 한자를 쓰면서 익혀요.

` ̄ 二 干 开 开 形 形`

🌱 '도'와 '형'에 ○하고, 한자를 따라 쓰세요.

🌱 단어와 알맞은 뜻풀이를 연결하세요.

圖形 ——————— ① **그림**의 **모양**이나 형태
② 점, 선, 면으로 이루어진 것

鑑 거울 감

땅이 생긴 **모양**

전개圖
展 펼 전 開 열 개

입체 도형의 표면을 한 평면 위에 펴 놓은 모양을 나타낸 **그림**

지形
地 땅 지

그림이나 사진을 모아 실물 대신 볼 수 있게 만든 책

모形
模 본보기 모

실제 **모양**을 본떠서 만든 물건

🌱 다음 글을 읽고 물음에 답하세요.

> 직사각형 6개로 둘러싸인 입체 **도형**을 직육면체라고 한다. 직육면체에서 선분으로 둘러싸인 부분을 면이라고 하고 면과 면이 만나는 선분을 모서리라고 한다. 또 모서리와 모서리가 만나는 점을 꼭짓점이라 한다. 직육면체의 모양을 잘 알 수 있도록 보이는 모서리는 실선, 보이지 않는 모서리는 점선으로 그리는데, 이를 겨냥도라고 한다. 직육면체의 모든 면이 이어지도록 모서리를 갈라서 평면 위에 펼친 그림을 직육면체의 **전개도**라고 한다. 직육면체의 **전개도**를 그릴 때는 잘린 모서리는 실선으로, 잘리지 않은 모서리는 점선으로 그린다.

(교과 연계) 5학년 수학 [6수03-04] 직육면체와 정육면체의 겨냥도와 전개도를 그릴 수 있다.

(1) 직사각형 6개로 둘러싸인 입체 도형을 무엇이라고 하나요?

(2) 다음을 읽고 맞는 것에 ○표, 틀린 것에 X표 하세요.

① 직육면체에서 면과 면이 만나는 선분을 모서리라고 한다.

② 전개도를 그릴 때 잘린 모서리는 점선으로 그린다.

미리 보는 중학교 교과서 한자 어휘 - 수학

평면(平面) 도형	입체(立體) 도형
평면이란 평평한 표면이란 뜻이에요. 평면 도형은 2차원적인 도형으로, 길이와 너비만 있으며 높이는 없는 도형을 의미해요. 삼각형, 사각형, 원 등이 있어요.	입체란 서 있는 몸이라는 뜻이에요. 입체 도형은 3차원적인 도형으로, 길이, 너비, 높이가 있는 도형이에요. 정육면체, 직육면체, 원기둥 등이 있어요.

1 알맞은 단어를 <보기>에서 찾아 문장을 완성하세요.

> 보기   모형   도감   지형

(1) 이곳은 _____ 이 험준하여 도로가 발달하지 못했다.

(2) 오늘 서점에서 새로 나온 식물 _____ 을 샀다.

(3) 이것은 에펠탑을 축소한 _____ 인데 실제처럼 웅장하다.

2 밑줄 친 단어에 해당하는 한자를 쓰세요.

나는 여러 **도형** 조각으로
숲속 나무를 표현했다.

3 주어진 단어를 모두 넣어 문장을 만들어 보세요.

예   나무   도감   〉〉〉   나는 **나무**를 좋아해서 여러 종류의 식물**도감**을 가지고 있다.

수업 시간
전개도   〉〉〉

1 빈칸에 공통으로 들어가는 글자를 찾아 연결하세요.

(1) 공☐   ☐의   형 形

(2) 예☐   검☐   산 算

(3) ☐선   ☐각   동 同

(4) 지☐   모☐   직 直

2 가로세로 열쇠의 뜻풀이를 읽고 퍼즐을 완성하세요.

가로 열쇠
① 그림의 모양이나 형태 / 점, 선, 면으로 이루어진 것
② 등급이나 정도가 같음
③ 녹색 식물이 빛으로 영양분을 합성하여 만듦
④ 날카로운 각, 0°보다는 크고 직각보다는 작은 각

세로 열쇠
⑤ 입체 도형의 표면을 한 평면 위에 펴 놓은 모양을
   나타낸 그림
⑥ 지도에서 높이가 같은 지점들을 연결한 선
⑦ 둘 이상의 단체가 서로 합쳐져 하나의 단체를 만듦
⑧ 짐승의 머리에 있는 뿔 / 뛰어난 재능

사면초가 四面楚歌

四 넷 **사**
面 얼굴 **면**
楚 초나라 **초**
歌 노래 **가**

사방에 초나라의 노랫소리가 가득 찼다는 의미로 아무에게도 도움을 받지 못하는 곤란하고 외로운 상황을 비유하는 말

중국 진나라가 무너지고 천하가 혼란스러운 시대, 초나라 항우와 한나라 유방은 천하의 패권을 두고 치열한 전쟁을 벌였어요. 점점 승리의 기세는 한나라로 기울었고, 초나라 군대는 한나라에 의해 완전히 포위되었지요. 이때 한나라의 유방은 일부러 한나라 군사들에게 초나라의 노래를 부르게 했어요. 항우는 노랫소리에 깜짝 놀랐어요.

"유방이 벌써 초나라를 다 차지했구나. 저리 많은 초나라 군사가 항복을 하다니."

노랫소리를 들은 초나라 군사들 역시 전쟁에 대한 의욕을 잃고, 고향에서 기다리는 가족들을 생각하며 눈물을 흘렸지요. 초나라는 결국 전쟁에서 패배하고 말았어요.

《사기》의 <항우본기>에 나오는 이야기예요. 사방에서 들리는 초나라의 노래를 들으며 더욱 힘든 상황으로 빠진 초나라 군사들처럼, 사면초가는 아무런 도움도 받지 못한 채 힘들고 어려운 상황에 놓인 것을 표현할 때 쓰는 말이에요.

5단원 과학

21일차

登 오를 **등**
落 떨어질 **락**

● 월 ● 일 😄

스스로
학습 계획을 세우고,
실천 후 😄 에
표시하세요.

22일차

生 날 **생**
命 목숨 **명**

● 월 ● 일 😄

24일차

空
氣
빌 공
기운 **기**

⬤월 ⬤일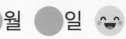

23일차

方
向
네모 **방**
향할 **향**

⬤월 ⬤일

25일차

溫
度
따뜻할 **온**
법도 **도**

월 일

뜻 소리

오르다 **등**

그릇을 들고 높은 곳으로
올라가는 모습이에요.

뜻 소리

떨어지다 **락**

나뭇잎과 비가 떨어진다는 의미예요.

🌱 한자를 쓰면서 익혀요.

ㄱ ㄱ ㄱ′ ㄱ ㄱ 癶 登 登 登 登 登

ㅣ ㅑ ㅑ 艹 艹 艹 莎 莎 茨 落 落

❦ '등'과 '락(낙)'에 ○하고, 한자를 따라 쓰세요.

❦ 단어와 알맞은 뜻풀이를 연결하세요.

登落 ——————— 합격자 명단에 **오르고 떨어지는** 일

登산
山 산 산

인재를 뽑아 **올려** 씀

登용
用 쓸 용

높은 곳에서 낮은 곳으로 **떨어질** 때의
높낮이 차이

🔍 落은 단어의 첫머리에 오면 '낙'으로 소리 나요.

탈落
脫 벗을 탈

범위에 들지 못하고 빠지거나 **떨어짐**

落차

산에 **오름**

差 다를 차

🌱 다음 글을 읽고 **물음**에 답하세요.

> '재생 에너지'란 지구에 있는 자연 자원을 이용해서 얻는 에너지이다. 이 에너지들은 다시 만들어지거나 계속해서 사용할 수 있어서 '재생' 에너지라고 부른다. 대표적인 재생 에너지에는 풍력 에너지, 수력 에너지, 지열 에너지, 태양 에너지, 바이오 에너지가 있다. 그중 수력 에너지는 물의 흐름이나 **낙차**를 이용해 전기를 생산한다. 주로 댐을 건설해 물을 모으고, 이 물이 높은 곳에서 낮은 곳으로 떨어질 때 발생하는 에너지를 이용한다.

(교과 연계) 5학년 과학[6과08-02] 재생에너지의 종류를 조사하고, 에너지를 지속 가능하게 이용하는 방법에 관심을 갖는다.

(1) 재생 에너지란 무엇인가요?   지구에 있는 　　　　　　 자원을 이용해 얻는 에너지

(2) 다음을 읽고 맞는 것에 ○표, 틀린 것에 X표 하세요.

① 풍력, 수력, 석유, 원자력을 재생 에너지라 한다.

② 수력 에너지는 물의 낙차를 이용한다.

미리 보는 중학교 교과서 한자 어휘 - 과학

낙하 운동

落 下 　 運 動
떨어질 **락** 아래 **하**　움직일 **운** 움직일 **동**

낙하 운동은 기본적인 물리 법칙을 이해하는 중요한 개념으로 중력에 의해 아래로 떨어지는 운동을 말해요. 예를 들어, 우리가 높은 곳에서 공을 떨어뜨리면 그 공이 아래로 떨어지는 게 바로 낙하 운동이에요. 그중에서도 물체가 오직 중력의 힘만 받아서 떨어지는 것을 '자유 낙하 운동'이라고 해요.

1 알맞은 단어를 <보기>에서 찾아 문장을 완성하세요.

> 보기   탈락   낙차   등용

(1) 내가 응원했던 탁구 선수가 부상으로 예선에서 〔   〕했다.

(2) 나라가 발전하려면 차별 없이 인재를 〔   〕해야 한다.

(3) 5번 투수의 특기는 공의 〔   〕가 큰 변화구다.

2 밑줄 친 단어에 해당하는 한자를 쓰세요.

단 1점으로 국가대표 선수 선발 시험의
등락이 결정되었다.

3 주어진 단어를 모두 넣어 문장을 만들어 보세요.

예 **시험 탈락** ..... **시험**에 **탈락**했다는 소식을 듣자 두 다리에 힘이 풀렸다.

가족 등산 ..... 〔   〕

生

뜻	소리
낳다	**생**

새싹이 돋아나는 모습으로
'낳다', '살다'를 뜻해요.

命

뜻	소리
목숨	**명**

口는 입을 뜻하고 슦은 명령을 뜻해요.
명령을 내리는 사람의 입에
목숨이 달려 있다는 뜻이에요.

❦ 한자를 쓰면서 익혀요.

丿 丨 匕 牛 生

丿 人 𠆢 今 슦 슦 슦 命

🌱 '생'과 '명'에 ○하고, 한자를 따라 쓰세요.

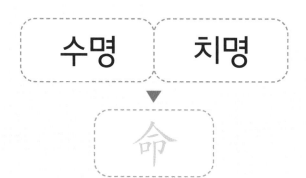

🌱 단어와 알맞은 뜻풀이를 연결하세요.

生命 ——————— 살아가는 데 필요한 목숨

生태
態 모양 태

죽게 되었다가 다시 살아남

재生
再 다시 재

목숨이 위태로운 지경에 이름

수命
壽 목숨 수

생물이 살아가는 모양이나 상태

치命
致 이를 치

생물이 목숨을 유지하는 기간
➔ 살아 있는 기간

🌱 다음 글을 읽고 물음에 답하세요.

> 인간의 생활 방식에 따른 환경 오염으로 머지않아 심각한 기후·**생태** 위기가 닥칠 것이라고 한다. **생태**란 동물, 식물, 그리고 자연환경이 서로 어울려서 살아가는 모습을 가리킨다. 숲과 산에는 나무와 꽃 같은 식물, 다양한 동물이 살고 있다. 바닷속에는 물고기, 산호, 해초, 플랑크톤 같은 생물들이 살고 있다. 이러한 **생태**의 다양성은 지구가 건강하게 유지되도록 도와준다. 모든 생명이 서로 균형을 맞추며 살아가면 자연이 보존되고, 사람들은 깨끗한 공기와 물을 마실 수 있다. 하지만 이 균형이 깨지면 자연이 파괴되고, 사람도 피해를 본다.

(교과 연계) 6학년 과학[6과16-01] 미래 사회에 일어날 수 있는 문제를 조사하고, 문제를 해결하는 데 과학이 기여할 수 있는 방법을 토의할 수 있다.

(1) 지구가 건강하게 유지되도록 하는 것은 무엇인가요?   의 다양성

(2) 다음을 읽고 맞는 것에 ○표, 틀린 것에 X표 하세요.

　① 인간의 생활 방식과 기후·생태는 관련이 없다.

　② 생태란 동식물과 자연환경이 서로 어울려서 살아가는 모습이다.

미리 보는 중학교 교과서 한자 어휘 - 과학

생식

生 殖
날 **생** 번식할 **식**

생식이란 낳아서 번식시킨다는 뜻으로 생물이 종족 유지를 위해 자기와 닮은 새로운 개체를 만드는 일이에요. 생식을 통해 유전 정보를 다음 세대로 전달하는 세포를 '생식세포'라고 해요.

1 알맞은 단어를 <보기>에서 찾아 문장을 완성하세요.

> 보기   재생 수명 치명

(1) 현대 의학의 발전으로 인간의 평균 [   ]이 늘어났다.

(2) 이 가게의 포장 상자는 [   ] 용지로 만든 친환경 물건이다.

(3) 이 뱀의 독은 적은 양으로도 인간에게 매우 [   ]적이다.

2 밑줄 친 단어에 해당하는 한자를 쓰세요.

<u>**생명**</u>은 그 자체로 모두 소중하다.

3 주어진 단어를 모두 넣어 문장을 만들어 보세요.

> 예
> **환경 오염   생태**   **환경 오염**이 바다의 **생태**계를 파괴했다.

> **생명   존중**

뜻	소리
네모	**방**

쟁기를 이용해 땅을 네모반듯하게
만든다는 뜻이에요.

뜻	소리
향하다	**향**

집에 창문이 있는 모습으로
밖을 향하는 방향을 뜻해요.

🌱 한자를 쓰면서 익혀요.

丶 一 亠 方 方

丶 亻 冂 冋 向 向

🌱 '방'과 '향'에 ○하고, 한자를 따라 쓰세요.

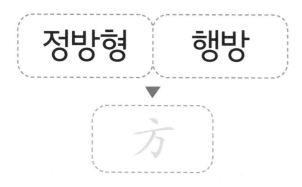

정방형	행방
方

외향	풍향
向

🌱 단어와 알맞은 뜻풀이를 연결하세요.

方向 —————————— 어떤 **방위**로 향한 **쪽**

🔍 方에는 '방위', '방법'이란 뜻도 있어요.

정方형
正 바를 정   形 모양 형

① 바깥으로 **향함**
② 마음의 움직임이 적극적으로 밖으로 드러남

행方
行 갈 행

바람이 불어오는 **방향**

외向
外 바깥 외

네 변의 길이와 네 각의 크기가
모두 같은 **사각형**

풍向
風 바람 풍

간 곳이나 **방향**

117

🌱 다음 글을 읽고 물음에 답하세요.

풍향은 바람이 불어오는 **방향**을 뜻한다. **풍향**은 다양한 기상 현상을 예측하고 이해하는 중요한 요소다. **풍향**을 측정하는 기구를 **풍향**계라고 하며 화살표가 가리키는 **방향**으로 풍향을 알 수 있다.

우리나라는 겨울에 주로 북서풍이 분다. 우리나라의 북서쪽에는 춥고 건조한 시베리아가 있다. 시베리아에서 불어오는 북서풍의 영향으로 우리나라의 겨울은 매우 춥고 건조하다.

(교과 연계) 5학년 과학 [6과06-01] 기상 요소를 조사하고, 날씨가 우리 생활에 주는 영향을 인식할 수 있다.

(1) 풍향이란 무엇인가요?　　　　　　　　　　　바람이 불어오는

(2) 다음을 읽고 맞는 것에 ○표, 틀린 것에 X표 하세요.

① 풍향계의 화살표 방향으로 바람이 불어오는 방향을 알 수 있다.

② 우리나라는 겨울에 주로 차갑고 습기가 많은 북서풍이 분다.

미리 보는 중학교 교과서 한자 어휘 - 과학

천체 일주 운동

天體　　**日周**　　**運動**
하늘천 몸체　　날일 돌주　　운전할운 움직일동

천체란 하늘에 있는 모든 것, 즉, 별, 행성, 달 등을 말해요. 일주 운동은 천체들이 하루 동안 한 바퀴씩 도는 것처럼 보이는 현상이에요. 이는 지구의 자전 때문에 발생해요. 지구는 하루에 한 바퀴씩 서쪽에서 동쪽으로 자전하고 있어요. 그래서 천체들이 동쪽에서 떠서 서쪽으로 지는 것처럼 보여요.

1 빈칸에 들어갈 알맞은 단어를 찾아 연결하세요.

(1)
정사각형을 다른 말로 _____ 이라고도 한다.

외향

(2)
경찰이 범인의 _____ 을 찾아 수사 중이다.

정방형

(3)
동생은 _____ 적이고 활달하지만 형은 내향적이다.

행방

2 다음 중 향(向)이 쓰인 단어 2개를 찾아 ○하세요.

- 세영이는 매사에 신중하고 **내향**적인 성격이다.
- 우리나라는 여름과 겨울의 **풍향**이 다르다.
- 너무 진한 **향기**는 머리를 아프게 한다.

도움말
'향하다, 방향'과 관련된 단어를 골라 보세요.
다른 하나는 향기 향(香)을 써요.

3 밑줄 친 단어에 해당하는 한자를 쓰세요.

길을 몰라 **방향**을 잃고 한참 헤맸다.

空

뜻	소리
비다	**공**

텅 비어있는 동굴의 모습이에요.

氣

뜻	소리
기운	**기**

米는 쌀이에요. 밥을 지을 때 나오는 김,
수증기를 뜻해요.

🌱 한자를 쓰면서 익혀요.

丶 宀 宀 宀 空 空 空

⸌ 气 气 气 氣 氣 氣 氣

🌱 '공'과 '기'에 ○하고, 한자를 따라 쓰세요.

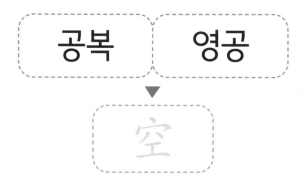

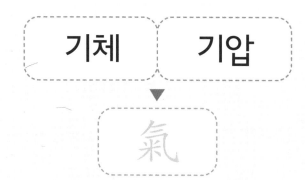

🌱 단어와 알맞은 뜻풀이를 연결하세요.

空氣 ——————— ① **비어 있는** 곳에 가득한 **기체**
② 지구를 둘러싼 대기 하층을 구성하는 무색 투명한 기체

空복
腹 배 복

일정한 모양이나 부피가 없는 **공기**와 같은 상태

영空
領 다스릴 령

나라의 주권이 미치는 **하늘**

🔍 空은 '하늘'이라는 뜻도 있어요.

氣체
體 몸 체

공기가 누르는 힘

氣압
壓 누를 압

배 속이 **비어 있는** 상태

🌱 다음 글을 읽고 물음에 답하세요.

> **기압**이란 **공기**의 무게로 생기는 누르는 힘을 말한다. 고**기압**은 **기압**이 주변보다 높은 지역으로 고**기압**권 안에서는 **공기**가 하강한다. 하강하는 **공기**는 따뜻해지고 습도가 낮아져서 구름이 형성되기 어렵다. 그래서 고**기압** 지역은 맑고 구름이 거의 없다. 저**기압**은 **기압**이 주변보다 낮은 지역으로 저**기압**권 안에서는 **공기**가 상승한다. 상승하는 **공기**는 차가워지고 습도가 올라가며 구름을 형성한다. 그래서 저**기압** 지역은 구름이 많고 흐리다.

(교과 연계) 5학년 과학 [6과06-03] 고기압과 저기압의 분포에 따른 날씨의 특징을 기상 요소로 표현할 수 있다.

(1) 기압이란 무엇인가요?   의 무게로 생기는 누르는 힘

(2) 다음을 읽고 맞는 것에 ○표, 틀린 것에 X표 하세요.

① 고기압과 저기압은 날씨에 영향을 미친다.

② 고기압 지역은 구름이 많고 흐리다.

미리 보는 중학교 교과서 한자 어휘 - 과학

대기권

大 氣 圈
큰 **대**   기운 **기**   범위 **권**

대기권이란 큰 공기라는 뜻으로 지구를 둘러싸고 있는 공기의 층을 말해요. 대기권은 우리가 숨을 쉴 수 있게 도와주고 태양으로부터 오는 자외선을 막아주며 날씨가 생기게 해요.

1 빈칸에 들어갈 알맞은 단어를 찾아 연결하세요.

(1)
높은 산에 오르면 _____ 이
낮아져 귀가 멍멍해진다. •

• 기체

(2)
공군은 우리의 _____ 을
지킨다. •

• 영공

(3)
수증기는 물이 _____ 상태
가 된 것이다. •

• 기압

2 다음 중 공(空)이 쓰인 단어 2개를 찾아 ○하세요.

• 이 약은 꼭 **공복**에 챙겨 먹어야 해!

• 파일을 **공유**하기 위해 메일로 보냈다.

• 이 **공간**은 내가 좋아하는 책으로만 채웠다.

> **도움말**
> '비다'와 관련된 단어를 골라 보세요.
> 다른 하나는 함께 공(共)을 써요.

3 밑줄 친 단어에 해당하는 한자를 쓰세요.

숲속의 **공기**는 상쾌하고 시원했다.

溫

뜻 소리

따뜻하다 **온**

따뜻한 물에서 사람이
씻고 있는 모습이에요.

度

뜻 소리

정도 **도**

손으로 길이를 잰다는 의미에서
'정도'를 뜻해요.

🌱 한자를 쓰면서 익혀요.

丶丶氵汩汩泗泗温温温温温

丶一广广广庐庐庐度度

❣ '온'과 '도'에 ○하고, 한자를 따라 쓰세요.

❣ 단어와 알맞은 뜻풀이를 연결하세요.

温度 ———————— 따뜻함과 차가움의 정도

温대
帶 띠 대

① 빽빽한 정도
② 어떤 물질의 단위 부피만큼의 질량

温난화
暖 따뜻할 난 化 될 화

어떤 물체의 높은 정도

🔍 기준에 따라 해발 고도, 태양 고도 등으로 쓰여요.

고度
高 높을 고

따뜻한 지대

🔍 연평균 기온이 0~20°C인 지역으로 한대와 열대 사이에 위치해요.

밀度
密 빽빽할 밀

지구의 온도가 따뜻해지는 현상

🌱 다음 글을 읽고 물음에 답하세요.

> 태양은 하루 동안 높이가 계속 달라진다. 태양이 높이 떠 있는 정도를 '태양의 **고도**'라고 하며, 햇빛과 지표면이 이루는 각으로 **고도**를 잴 수 있다. 태양이 남쪽의 한가운데 있을 때, 즉 태양이 하루 중 가장 높은 위치에 있을 때의 **고도**를 '남중 **고도**(南中高度)'라고 한다. 남중 **고도**는 여름에 가장 높고 겨울에 가장 낮다. 태양이 높게 뜨는 여름에는 낮의 길이가 그만큼 길어지고 태양이 낮게 뜨는 겨울에는 낮의 길이가 짧다. 이렇게 계절에 따라 태양의 높이와 낮의 길이가 변하는 이유는 지구가 기울어져 있기 때문이다.

(교과 연계) 6학년 과학 [6과13-02] 계절에 따른 태양의 남중 고도와 낮의 길이 사이의 관계를 자료에 근거하여 추론할 수 있다.

(1) 태양의 고도란 무엇인가요?　　　　　　　　태양이 　　　　　　　　 떠 있는 정도

(2) 다음을 읽고 맞는 것에 ○표, 틀린 것에 X표 하세요.

　① 태양의 남중 고도는 태양이 가장 낮은 위치에 있을 때를 가리킨다.

　② 태양이 높이 뜨면 낮의 길이도 길어진다.

미리 보는 중학교 교과서 한자 어휘 - 과학

온실 효과

溫 室 效 果
따뜻할 **온** 집 **실** 본받을 **효** 열매 **과**

온실 효과란 온실처럼 지구의 대기가 태양으로부터 온 열을 잡아두는 현상을 말해요. 이 현상은 지구의 온도를 적당하게 유지하는 데 중요한 역할을 해요. 대기 중의 열을 잡아두는 기체들을 '온실가스'라고 해요.

1 알맞은 단어를 <보기>에서 찾아 문장을 완성하세요.

> 보기   고도 밀도 온대

(1) 도시의 인구 [   ] 가 점점 높아지고 있다.

(2) 한라산은 해발 [   ] 1,950미터로 대한민국에서 가장 높은 산이다.

(3) 우리나라는 [   ] 기후에 속하며 사계절이 있다.

2 밑줄 친 단어에 해당하는 한자를 쓰세요.

물은 0도 이하로 **온도**가 내려가면
고체인 얼음이 된다.

3 주어진 단어를 모두 넣어 문장을 만들어 보세요.

예
여름 온도 ⟩⟩⟩ 한**여름**에는 한낮 **온도**가 40도 가까이 된다.

지구 온난화 ⟩⟩⟩

1 빈칸에 공통으로 들어가는 글자를 찾아 연결하세요.

(1) ◻태   ◻명   기氣

(2) ◻산   ◻락   방方

(3) ◻향   정◻형   생生

(4) ◻체   ◻압   등登

1 가로세로 열쇠의 뜻풀이를 읽고 퍼즐을 완성하세요.

가로 열쇠
① 나라의 주권이 미치는 하늘
② 따뜻함과 차가움의 정도
③ 바깥으로 향함 / 마음의 움직임이 적극적
   으로 밖으로 드러남

세로 열쇠
④ 배 속이 비어 있는 상태
⑤ 지구의 온도가 따뜻해지는 현상
⑥ 바람이 불어오는 방향
⑦ 빽빽한 정도 / 어떤 물질의 단위 부피만큼의 질량

백미 白眉

흰 백 / 눈썹 미

흰 눈썹이라는 뜻으로 여럿 가운데 가장 뛰어난 사람이나 훌륭한 작품을 이르는 말

중국 삼국 시대 때 마씨 성을 가진 다섯 형제가 살았어요. 이 형제들은 모두 재주가 뛰어나고 똑똑하기로 유명했어요. 어느 날 유비가 새로운 땅을 얻어 그곳을 잘 다스리기 위해 널리 유능한 선비를 구하고자 했어요. 그러자 한 신하가 이렇게 말했어요.

"마을에 재능이 많은 다섯 형제가 살고 있습니다. 그중에서도 흰 눈썹을 가진 첫째 마량이 가장 뛰어나다고 합니다."

유비는 바로 마량을 불렀고 소문대로 그는 지혜롭고 뛰어난 능력을 가진 인물이었어요. 그 후로 유비는 중요한 전투 때마다 마량의 의견을 귀담아 들었고, 마량 덕분에 자신이 다스리는 나라를 강대국으로 만들 수 있었어요.

《삼국지》의 <마량전>에 나오는 이야기예요. 이 이야기로부터 흰 눈썹이라는 뜻의 '백미'가 가장 뛰어난 사람, 작품을 뜻하게 되었어요. 특히, 영화나 문학 작품 중 가장 뛰어난 부분을 빗대서 많이 쓴답니다.

129

6단원

체육·예술

26일차

體 몸 **체**
育 기를 **육**

◯월 ◯일 😄

스스로
학습 계획을 세우고,
실천 후 😄에
표시하세요.

27일차

平 평평할 **평**
面 얼굴 **면**

◯월 ◯일 😄

強 강할 **강**
弱 약할 **약**

⬤월 ⬤일 😄

前 앞 **전**
後 뒤 **후**

⬤월 ⬤일 😄

善 착할 **선**
美 아름다울 **미**

⬤월 ⬤일 😄

體

뜻 **몸**   소리 **체**

뼈를 뜻하는 한자(骨)와 풍성함을 뜻하는
한자(豊)가 합쳐졌어요.
뼈에 살이 풍성하게 붙어있다는 의미예요.

育

뜻 **기르다**   소리 **육**

厶은 아기를 月(肉)은 고기, 살을 뜻해요.
아기를 잘 먹여 살이 통통하게 잘 기른다는 의미예요.

🌱 한자를 쓰면서 익혀요.

骨骨骨骨骨骨骨骨骨骨體體體體體體體體體體體體體   一ㅗ云云产育育育

🌱 '체'와 '육'에 ○하고, 한자를 따라 쓰세요.

🌱 단어와 알맞은 뜻풀이를 연결하세요.

體育 ——————————— 운동으로 **몸**을 튼튼하게 **기르는** 일 또는 그런 과목

體감
感 느낄 감

지식이나 기술을 가르쳐서 **길러 줌**

體험
驗 경험할 험

자기가 **몸소** 겪음 또는 그런 경험

교育
敎 가르칠 교

동물이 자라도록 먹이어 **기름**

사育
飼 먹일 사

몸으로 느낌

🌱 다음 글을 읽고 물음에 답하세요.

> **체육**은 인기 과목 중 하나이다. **체육** 시간에는 여러 가지 운동과 놀이를 통해 몸을 건강하게 만들고 친구들과 협동하는 법을 배운다. 미니 올림픽이나 풍선 배구, 장애물 달리기 등으로 여러 운동 종목을 간접적으로 **체험**할 수 있다. 또한 **체육** 활동을 통해 건강 체력과 운동 체력을 기를 수 있다. 건강 체력이란 건강하게 살기 위해 필요한 체력으로 근력과 유연성 등이 있다. 운동 체력은 특정 운동을 잘하기 위해 필요한 체력으로 민첩성과 순발력 등이 있다.

(교과 연계) 5학년 체육 [6체01-01] 건강 체력과 운동 체력의 의미와 요소를 파악하고 다양한 운동 방법을 탐색한다.

(1) 체육 시간에는 무엇을 배울 수 있나요?　　　친구들과 　　　　　 하는 법

(2) 다음을 읽고 맞는 것에 ○표, 틀린 것에 X표 하세요.

① 체육은 인기 과목 중 하나이다.

② 특정 운동을 잘하기 위해 필요한 체력은 건강 체력이다.

미리 보는 중학교 교과서 한자 어휘 - 국어

체 언

體 言
몸 체　말씀 언

문장의 주어, 목적어 역할을 하는 품사로 명사, 대명사, 수사를 가리켜요. 문장에서 몸처럼 중심이 되는 역할을 한다는 의미에서 체언이라고 해요.

1 알맞은 단어를 <보기>에서 찾아 문장을 완성하세요.

> **보기** 체감 사육 교육

(1) 할머니께서는 아이들 ⬚⬚⬚⬚⬚ 에 특히 신경 쓰셨다.

(2) 동물원에서 ⬚⬚⬚⬚⬚ 하던 곰이 우리를 탈출했다.

(3) 오늘은 바람이 세게 불어 ⬚⬚⬚⬚⬚ 온도가 더욱 낮다.

2 밑줄 친 단어에 해당하는 한자를 쓰세요.

<u>체육</u> 대회에서 우리 반이 우승했다.

3 주어진 단어를 모두 넣어 문장을 만들어 보세요.

예 체육 꿈
체육을 잘하는 내 친구 준영이는
프로 야구 선수가 되는 것이 **꿈**이다.

갯벌 체험

平

뜻 소리

평평하다 **평**

균형을 이룬 저울의 모습이에요.

面

뜻 소리

얼굴 **면**

눈, 코, 입이 있는 얼굴의 모습이에요.

🌱 한자를 쓰면서 익혀요.

ノ ノ ケ ゲ 厈 平

一 丆 ా 币 而 而 而 面 面

🌱 '평'과 '면'에 ○하고, 한자를 따라 쓰세요.

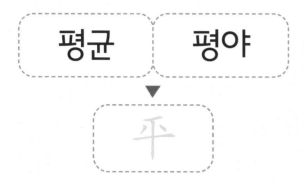

🌱 단어와 알맞은 뜻풀이를 연결하세요.

平面	평평한 표면
平균 均 고를 균	평평하고 너른 들
平야 野 들 야	① 물체의 잘라낸 **면** ② 사물이나 사건의 부분적인 면
세面 洗 씻을 세	① 물건의 질이나 양을 **평평하게** 고르게 한 것 ② 여러 수의 중간 값
단面 斷 끊을 단	손이나 **얼굴**을 씻음

🌱 다음 글을 읽고 물음에 답하세요.

> 클로드 모네는 19세기 프랑스에서 활동했던 인상주의 화가이다. 인상주의 화가들은 순간의 인상을 포착하려고 했기 때문에 인상주의라고 불리게 되었다. 이들은 빛의 변화에 따라 색이 어떻게 달라지는지를 화폭에 담았다.
>
> 얼마 전 서울의 한 미술관에서 열린 클로드 모네 전시회에 많은 사람들이 몰렸다. 특히 너른 **평야**를 그린 작품이 크게 주목을 받았다. 작품의 깊이와 섬세함은 관람객의 시선을 사로잡아 **평야**를 거닐고 있는 듯한 착각을 불러일으켰다.

(교과 연계) 6학년 미술 [6미03-03] 공동체의 미술 문화 활동에 관심을 가지고 참여하며 경험을 공유할 수 있다.

(1) 얼마 전 어디에 많은 사람들이 몰렸나요?

서울의 한 ＿＿＿＿＿＿＿＿＿에서 열린 클로드 모네 전시회

(2) 다음을 읽고 맞는 것에 ○표, 틀린 것에 X표 하세요.

① 클로드 모네는 프랑스에서 활동한 인상주의 화가다.

② 인상주의란 다양한 도형과 과감한 색채를 사용한 작품이 특징이다.

미리 보는 중학교 교과서 한자 어휘 - 사회

평등 선거

平 等 選 擧
평평할 평　같을 등　뽑을 선　들 거

선거에는 4대 원칙이 있어요. 평등 선거, 보통 선거, 직접 선거, 비밀 선거예요. 그중에서 평등 선거는 고르게 같다는 의미로 한 사람이 한 표를 행사하는 것이에요. 유권자의 표는 재산, 신분, 성별, 교육 정도, 종교, 문화 등의 영향을 받지 않고 그 가치가 모두 같아요.

1 알맞은 단어를 <보기>에서 찾아 문장을 완성하세요.

> 보기   세면 단면 평균

(1) 의학의 발달로 인간의 ⬭ 수명이 늘었다.

(2) 나무의 ⬭ 에는 나이테가 있다.

(3) ⬭ 도구를 가져오지 않아 친구에게 빌렸다.

2 밑줄 친 단어에 해당하는 한자를 쓰세요.

옛날 사람들은 지구가 둥글지 않고
평면이라고 생각했다.

3 주어진 단어를 모두 넣어 문장을 만들어 보세요.

예 평야 가을   **가을**이 되니 너른 **평야**가 노랗게 변했다.

평균 점수

前

뜻   소리

앞   전

배를 타고 앞으로 나아간다는 의미예요.

後

뜻   소리

뒤   후

머뭇거리며 뒤쳐져 걷는다는 의미예요.

🌱 한자를 쓰면서 익혀요.

丶 丷 丷 广 扩 前 前 前 前

丿 彳 彳 彳 彳 彳 彳 後 後 後

❦ '전'과 '후'에 ○하고, 한자를 따라 쓰세요.

❦ 단어와 알맞은 뜻풀이를 연결하세요.

前後 ——————— 앞과 뒤

前례
例 법식 례

기원前
紀 벼리 기 元 으뜸 원

기원 원년 **이전**

🔍 주로 예수가 태어난 해를 기준으로 그 전을 기원전,
그 후를 기원후라고 불러요.

後진
進 나아갈 진

뒤쪽으로 **나아감**

後반전
半 반 반 戰 싸움 전

이전부터 있었던 사례

운동 경기에서 경기 시간을 반씩 나눈 것의
뒤쪽 경기

👤 다음 글을 읽고 물음에 답하세요.

> 스포츠마다 서로 다른 경기 시간과 규칙이 있다. 이를 알아두면 스포츠를 더욱 흥미롭게 즐길 수 있다. 축구는 전반전, **후반전**이 각 45분이며 중간에 휴식 시간은 15분이다. 핸드볼은 전반전, **후반전**이 각 30분이며 휴식 시간은 10분이다. 이와 다르게 쿼터나 이닝으로 경기 시간을 나누기도 한다. 농구는 총 4쿼터로 진행되며 쿼터 당 시간은 10분이다. 야구는 9이닝으로 진행되며 이닝 당 시간이 정해져 있지 않다.

(교과 연계) 6학년 체육 [6체02-10] 스포츠 활동에 참여하며 목표를 달성하기 위한 의지를 실천하고 상대의 기술을 인정한다.

(1) 전반전, 후반전이 나뉜 대표적인 스포츠 종목은 무엇인가요?

　　　　　　　　　　　　　　　　　，　　　　　　　　　　　　 등

(2) 다음을 읽고 맞는 것에 ○표, 틀린 것에 X표 하세요.

① 야구는 전반전, 후반전으로 경기 시간을 정해서 하는 종목이다.

② 핸드볼의 경기 시간은 전반전, 후반전 각 30분이다.

미리 보는 중학교 교과서 한자 어휘 - 사회

전치사

前 置 詞
앞 전　둘 치　말씀 사

전치사란 단어의 앞에 위치한 말이라는 뜻으로 영어 문장에서 명사, 대명사 앞에 쓰여 시간, 장소, 방향, 수단 등을 나타내는 역할을 해요. 예를 들면 at은 시간이나 장소를 뜻하며, by는 완료나 수단을 뜻해요.

1 알맞은 단어를 <보기>에서 찾아 문장을 완성하세요.

(1)
고조선은　　　　　　　2333년 무렵에
단군왕검이 세운 우리나라 최초의 국가
이다.

●

● 기원전

(2)
초보 운전인 이모가　　　　　　을
하다가 사고를 냈다.

●

● 전례

(3)
　　　　　　없는 심한 가뭄으로 많은
농민들이 피해를 보고 있다.

●

● 후진

2 다음 중 전(前)이 쓰인 단어 2개를 찾아 ○하세요.

• **전국적**으로 폭우가 쏟아져 급하게 여행을 취소했다.

• 울지만 말고 **전후** 사정을 정확히 이야기해 보렴.

• 나는 **전반전**에서 체력을 모두 소진한 탓에
후반전에서는 제대로 뛰지 못했다.

도움말
'앞, 이전'과 관련된 단어를 골라 보세요.
다른 하나는 온전할 전(全)을 써요.

3 밑줄 친 단어에 해당하는 한자를 쓰세요.

운동 **전후**에는 스트레칭으로
몸을 풀어 주어야 한다.

強

뜻   소리

강하다   **강**

'넓다'를 뜻하는 한자(弘)와 '벌레'를 뜻하는
한자(虫)를 합쳤어요. 넓고 딱딱한 껍데기를
가진 벌레가 강하다는 뜻이에요.

弱

뜻   소리

약하다   **약**

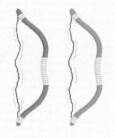

활이 오래되어 너덜너덜하고
약해진 모습을 나타내요.

🌱 한자를 쓰면서 익혀요.

🌱 '강'과 '약'에 ○하고, 한자를 따라 쓰세요.

🌱 단어와 알맞은 뜻풀이를 연결하세요.

強弱 ——————————— 강하고 약함

強화
化 될 화

세력이나 힘이 **약한** 사람

強진
震 흔들릴 진

① 가난하고 **힘이 없음**
② 내용이 알차지 못하고 보잘 것 없음

弱자
者 사람 자

세력이나 힘을 더 **강하게** 함

빈弱
貧 가난할 빈

강한 지진

🌱 다음 글을 읽고 물음에 답하세요.

음악 연주에서 소리의 크고 작음을 통해 다양한 정서를 표현하는 것을 **강약**법이라고 한다. 대표적인 **강약** 표기에는 포르테(forte, f), 피아노(piano, p)가 있다. 포르테는 강하게 연주하라는 의미로, 소리를 크게 내야 한다. 피아노는 약하게 연주하라는 의미로, 소리를 작게 내야 한다. 소리의 크기 변화를 나타내는 것으로는 크레셴도(crescendo,<)와 데크레셴도(decrescendo,>)가 있다. 크레셴도는 점점 세게, 데크레셴도는 점점 약하게 연주해야 한다.

교과 연계) 5학년 음악 [6음01-03] 소리의 어울림을 생각하며 다양한 방법으로 함께 표현한다.

(1) 음악에서의 강약법은 무엇을 의미하나요?

의 크고 작음을 표현하는 것

(2) 다음을 읽고 맞는 것에 ○표, 틀린 것에 X표 하세요.

① 포르테는 강하게 연주하라는 의미다.

② 크레셴도는 점점 약하게 연주하라는 의미다.

미리 보는 중학교 교과서 한자 어휘 - 사회

열강

列 強
벌일 **열** 강할 **강**

열강이란 여러 강한 나라라는 의미로 주로 우리나라 역사에서 '서구 열강, 제국주의 열강'이라는 표현으로 많이 쓰여요. 조선은 19세기 중반부터 프랑스, 미국 등의 서구 열강으로부터 문호 개방 압력을 받다가 결국 1876년 일본과 강화도 조약을 체결했어요.

1 알맞은 단어를 <보기>에서 찾아 문장을 완성하세요.

(1)
전례 없는 　　　　이 일어나서 재산과 인명 피해가 크다.

강화

(2)
근거가 　　　한 글로는 사람들을 설득할 수 없다.

빈약

(3)
과거 제도는 왕권을 　　　하는데 도움이 된다.

강진

2 다음 중 약(弱)이 쓰인 단어 2개를 찾아 ○하세요.

- 선생님께서는 **약자**의 편에 서서 항상 남을 도우셨다.
- 밤늦은 시간이라 문을 연 **약국**이 한 군데도 없었다.
- 승훈이는 어릴 때부터 몸이 **허약**해 병원을 자주 드나들었다.

> **도움말**
> '약하다'와 관련된 단어를 골라 보세요.
> 다른 하나는 약 약(藥)을 써요.

3 밑줄 친 단어에 해당하는 한자를 쓰세요.

피아노를 연주할 때는
강약을 잘 조절해야 한다.

뜻	소리		뜻	소리
착하다	**선**		아름답다	**미**

양 양(羊)과 입 구(口)를 합쳤어요.
양처럼 순하고 부드럽게 말한다는 뜻으로
'착하다'를 의미해요.

양 양(羊)과 큰 대(大)를 합쳤어요.
크고 살찐 양이 보기 좋다는 뜻으로
'아름답다'를 의미해요.

🌱 한자를 쓰면서 익혀요.

🌱 '선'과 '미'에 ○하고, 한자를 따라 쓰세요.

🌱 단어와 알맞은 뜻풀이를 연결하세요.

善美 ————————— 착하고 아름다움

善행
行 다닐 행

맛있는 음식 먹는 것을 즐기는 사람
🔍 美는 '맛있다'라는 뜻도 있어요.

위善자
僞 거짓 위   者 사람 자

착하고 어진 행동

美덕
德 덕 덕

아름답게 베푸는 행동

美식가
食 먹을 식 家 집 가

거짓으로 **착한** 체하는 사람

🌱 다음 글을 읽고 물음에 답하세요.

> 음식을 아주 좋아하고, 다양한 음식을 먹어보는 것을 즐기는 사람을 '**미식가**'라고 한다. **미식가**들이 많아지면서 '먹방'이 유행이다. 먹방이란 '먹는 방송'의 줄임말로, 사람들이 음식을 먹으면서 방송하는 것을 말한다. 사람들은 먹방을 보면서 대리 만족을 느끼거나, 새로운 음식이나 맛있는 음식을 알아가는 재미를 느낀다. 하지만 가장 중요한 것은 건강한 식습관을 유지하고 올바른 음식을 선택하는 것이다. 또한 음식을 낭비하지 않는 **미덕**도 잊지 말아야 한다.

(교과 연계) 5학년 실과 [6실02-04] 식재료 생산과 선택의 중요성을 인식하고 여러 식재료의 고유하고 다양한 맛을 경험하여 자신의 식사에 적용한다.

(1) '먹방'이란 무엇인가요?

방송의 줄임말로 사람들이 음식을 먹으며 방송하는 것

(2) 다음을 읽고 맞는 것에 ○표, 틀린 것에 X표 하세요.

① 먹방은 미식가들만 할 수 있다.

② 미식가란 많은 양의 음식을 먹는 사람을 뜻한다.

미리 보는 중학교 교과서 한자 어휘 - 국어

해학미

諧 謔 美
희롱할 해 희롱할 학 아름다울 미

해학미란 익살스럽고 품위 있게 희롱하면서 나타나는 아름다움을 말해요. 해학미는 사람들을 웃게 하면서도 그 웃음 속에 깊은 의미나 교훈을 담고 있어요. 조선 시대에 허균이 지은 ≪홍길동전≫이나 김홍도의 그림에서 해학미를 찾아볼 수 있어요.

1 알맞은 단어를 <보기>에서 찾아 문장을 완성하세요.

> 보기   위선자   선행   미식가

(1) 너처럼 겉과 속이 다른   는 더 이상 보고 싶지 않아!

(2) 그 가게는 짜장면 맛이 좋아 많은   가 몰려간다.

(3) 옆집 할머니께서는 꾸준히 기부하며   을 베푸신다.

2 밑줄 친 단어에 해당하는 한자를 쓰세요.

소설 속 주인공은 진**선미**를 모두 갖춘
여인이었다.

🔍 진선미: 참됨, 착함, 아름다움을 아울러 이르는 말.

3 주어진 단어를 모두 넣어 문장을 만들어 보세요.

예   미덕   친구   ⟩⟩⟩   **친구** 사이의 가장 중요한 **미덕**은 정직이야,
거짓말은 하지 말아야 해.

선행   칭찬   ⟩⟩⟩

1 빈칸에 공통으로 들어가는 글자를 연결하세요.

(1) ◯후   ◯례   전前

(2) 빈◯   ◯자   체體

(3) ◯육   ◯감   약弱

2 알맞은 단어를 <보기>에서 찾아 문장을 완성하세요.

> 보기   선행   사육   평면   강진

(1) 밤 사이 진도 7의 　　　　　이 일어나 건물이 모두 무너졌다.

(2) 청년은 자신의 　　　　　이 다른 사람에게 알려지는 것을 꺼렸다.

(3) 최근 전염병이 퍼져 돼지 　　　　　농가가 어려움을 겪고 있다.

3 다음 한자의 뜻과 소리를 쓰세요.

(1) 선생님께서 지층의 단面을 직접 보여주셨다.   뜻: 소리:

(2) 강 하류에는 주로 平야가 발달한다.   뜻: 소리:

(3) 그녀는 뛰어난 요리사이자 美식가이다.   뜻: 소리:

형설지공 螢雪之功

반딧불 형 / 눈 설 / 어조사 지 / 공 공

반딧불과 눈빛으로 공부하여 이룬 공
이란 뜻으로 가난하고 어려운 상황에서도
열심히 공부하는 자세를 일컫는 말

"얘야, 책은 그만 읽고 자거라."

"이것만 마저 읽을게요. 어머니."

중국 진(晉)나라의 차윤은 책을 무척 즐겨 읽었어요. 하지만 살림이 넉넉하지 않아 등불을 켤 수가 없었지요. 어느 여름밤, 차윤은 반딧불이 수십 마리를 자루에 담아 그 빛으로 밤을 새우며 책을 읽었어요.

또 진나라에는 손강이라는 인물도 살았어요. 손강 역시 집이 매우 가난했어요. 손강은 봄에 치를 과거에 꼭 급제하여 가족들을 돌보고자 했어요. 하지만 어두운 겨울밤에 책을 볼 수 없었지요. 손강은 답답한 마음으로 마당을 서성였어요. 그러다가 쌓인 눈에 달빛이 반사되어 환한 것을 보고는, 얼른 들어가서 책을 가지고 나와 오들오들 떨며 한참 동안 눈빛에 책을 읽었어요.

이렇게 공부한 결과, 차윤과 손강은 훗날 높은 벼슬에 올랐어요. 차윤과 손강처럼 어려운 상황에서도 열심히 공부하는 자세를 '형설지공'이라고 해요. 뜻이 있다면 언제나 길이 열린답니다.

한자 급수 안내

1권	2권	3권
◆8급 한자 위주, 생활 기초 한자	◆7급 한자 위주, 생활 및 교과 기초 한자	◆6급 한자 위주, 교과 기초 한자, 어휘 확장성이 높은 한자
◆2개 이상의 한자가 결합되지 않는 획순이 적고 쉬운 한자	◆8급 10자, 7급 36자, 6급 12자, 5급 2자	◆8급 2자, 7급 25자, 6급 28자, 5급 5자
◆8급 30자, 7급 17자, 6급 2자, 5급 1자		

1권

人 사람 인_8	口 입 구_7	父 아버지 부_8	母 어머니 모_8
手 손 수_7	足 발 족_7	兄 형 형_8	弟 아우 제_8
耳 귀 이_5	目 눈 목_6	孝 효도 효_7	子 아들 자_7
心 마음 심_7	身 몸 신_6	男 사내 남_7	女 여자 녀_8
自 스스로 자_7	力 힘 력_7	長 길 장_8	老 늙을 로_7
一 하나 일_8	二 둘 이_8	大 큰 대_8	門 문 문_8
三 셋 삼_8	四 넷 사_8	中 가운데 중_8	小 작을 소_8
五 다섯 오_8	六 여섯 육_8	上 위 상_7	下 아래 하_7
七 일곱 칠_8	八 여덟 팔_8	出 나갈 출_7	入 들 입_7
九 아홉 구_8	十 열 십_8	內 안 내_7	外 바깥 외_8
年 해 년_8	月 달 월_8		
火 불 화_8	水 물 수_8		
木 나무 목_8	金 쇠 금_8		
土 흙 토_8	日 해 일_8		
午 낮 오_7	夕 저녁 석_7		

2권

東 동쪽 동_8	西 서쪽 서_8	有 있을 유_7	無 없을 무_5
南 남쪽 남_8	北 북쪽 북_8	不 아니 불_7	正 바를 정_7
春 봄 춘_7	夏 여름 하_7	多 많을 다_6	少 적을 소_7
秋 가을 추_7	冬 겨울 동_7	分 나눌 분_6	明 밝을 명_6
左 왼쪽 좌_7	右 오른쪽 우_7	安 편안할 안_7	樂 즐거울 락_6
世 인간 세_7	界 지경 계_6	古 옛 고_6	今 이제 금_6
民 백성 민_8	主 주인 주_7	文 글 문_7	字 글자 자_7
國 나라 국_8	家 집 가_7	問 물을 문_7	答 답할 답_7
市 시장 시_7	村 마을 촌_7	言 말씀 언_6	語 말씀 어_7
洞 고을 동_7	里 마을 리_7	交 사귈 교_6	信 믿을 신_6
天 하늘 천_7	地 땅 지_7	工 장인 공_7	夫 남편 부_7
花 꽃 화_7	草 풀 초_7	衣 옷 의_6	食 먹을 식_7
山 산 산_8	海 바다 해_7	時 때 시_7	間 사이 간_7
風 바람 풍_6	雨 비 우_5	學 배울 학_8	校 학교 교_8
靑 푸를 청_8	林 수풀 림_7	姓 성씨 성_7	名 이름 명_7

3권

重 무거울 중_7	要 중요할 요_5	直 곧을 직_7	角 뿔 각_6
新 새로울 신_6	聞 들을 문_6	算 셀 산_7	數 셀 수_7
共 함께 공_6	感 느낄 감_6	合 합할 합_6	同 같을 동_7
作 지을 작_6	成 이룰 성_6	等 같을 등_6	號 이름 호_6
全 온전할 전_7	知 알 지_5	圖 그림 도_6	形 모양 형_6
社 모일 사_6	會 모일 회_6	登 오를 등_7	落 떨어질 락_5
道 길 도_7	路 길 로_6	生 날 생_8	命 목숨 명_7
事 일 사_7	物 물건 물_7	方 네모 방_7	向 향할 향_6
場 마당 장_7	所 바 소_7	空 빌 공_7	氣 기운 기_7
去 갈 거_5	來 올 래_7	溫 따뜻할 온_6	度 법도 도_6
公 공평할 공_6	立 설 립_7	體 몸 체_6	育 기를 육_7
根 뿌리 근_6	本 근본 본_6	平 평평할 평_7	面 얼굴 면_7
王 임금 왕_8	朝 아침 조_6	前 앞 전_7	後 뒤 후_7
活 살 활_7	動 움직일 동_7	強 강할 강_6	弱 약할 약_6
利 이로울 리_6	用 쓸 용_6	善 착할 선_5	美 아름다울 미_6

정답

1일차

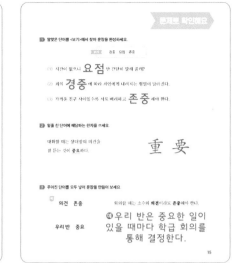

2일차

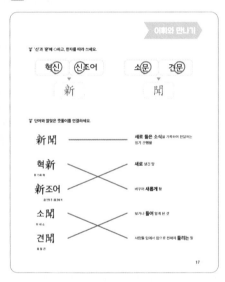

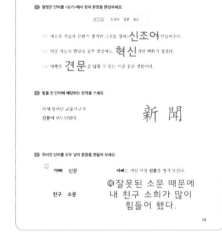

3일차

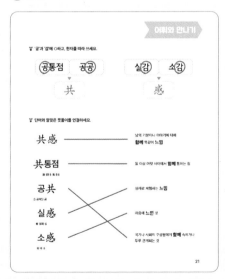

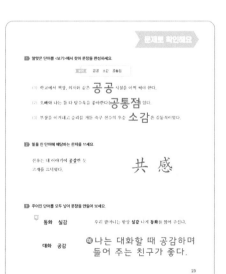

4일차

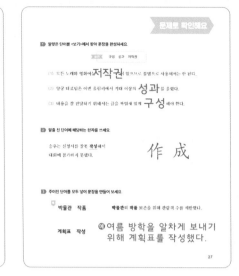

5일차

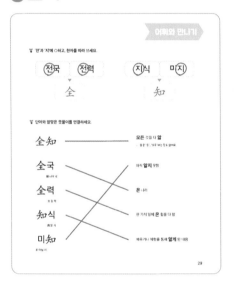

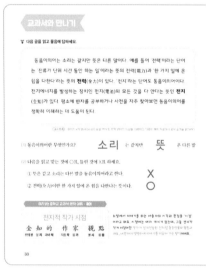

복습

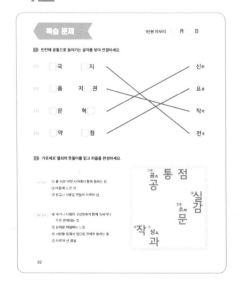

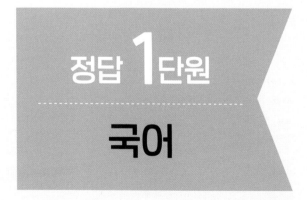

정답 1단원

국어

6일차

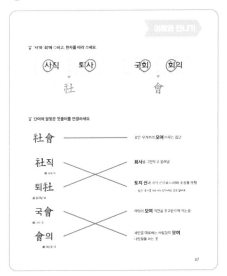

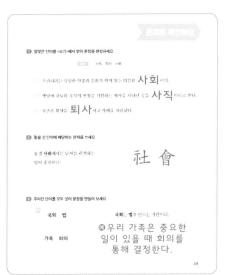

7일차

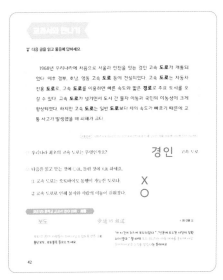

8일차

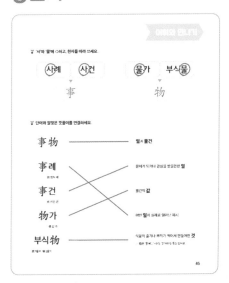

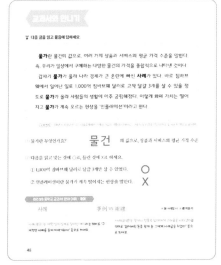

9일차

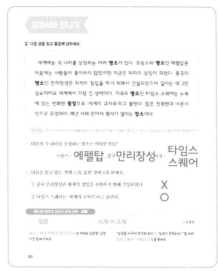

10일차

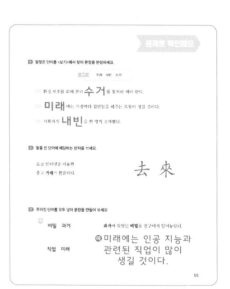

복습

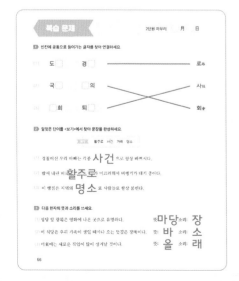

정답 2단원

사회

11일차

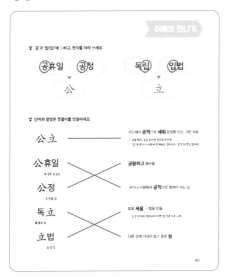

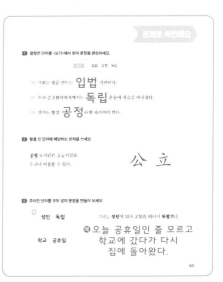

12일차

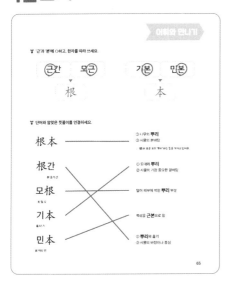

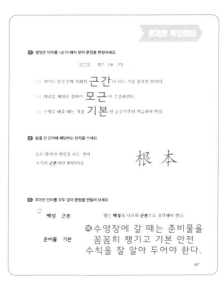

13일차

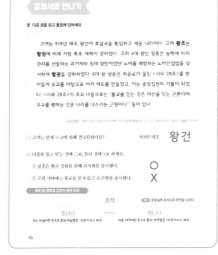

14일차

어휘와 만나기

교과서와 만나기

문제로 확인해요

15일차

어휘와 만나기
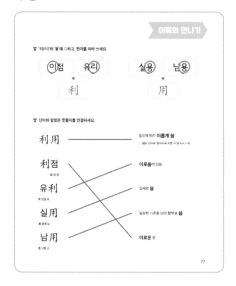

교과서와 만나기
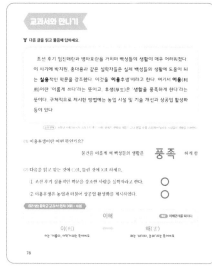

문제로 확인해요
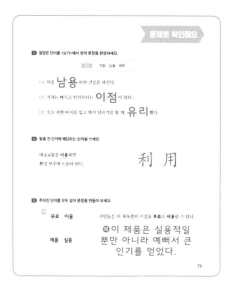

복습

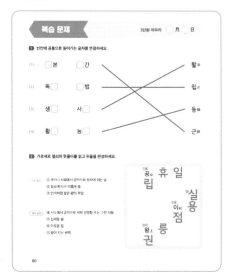

정답 3단원

역사

16일차

17일차

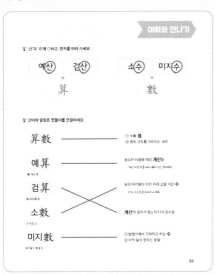

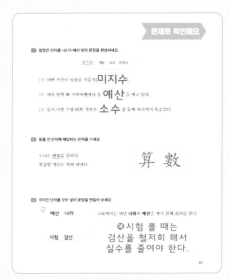

18일차

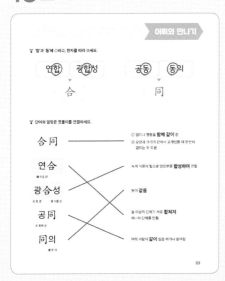

19일차

20일차

복습

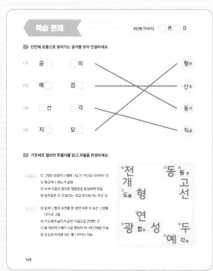

정답 4단원

수학

21일차

22일차

23일차

24일차

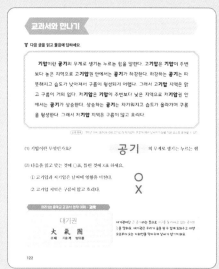

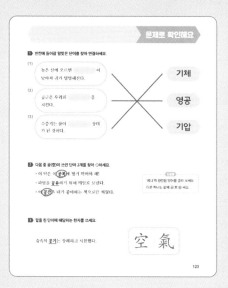

25일차

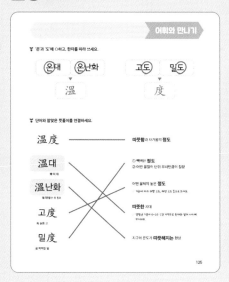

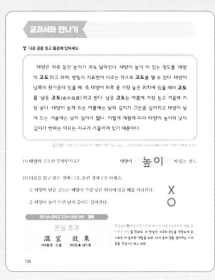

복습

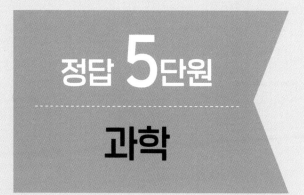

26일차

27일차

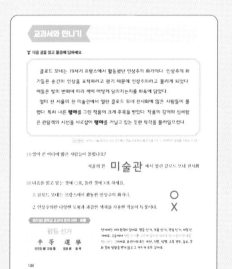

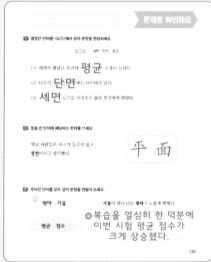

28일차

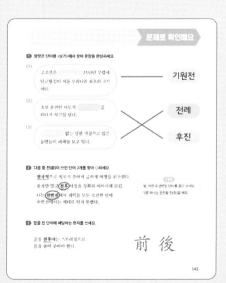

29일차

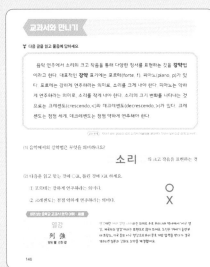

30일차

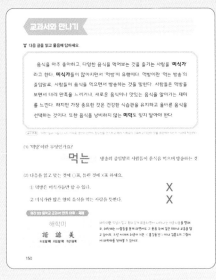

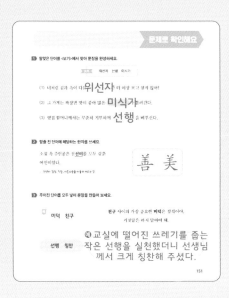

복습

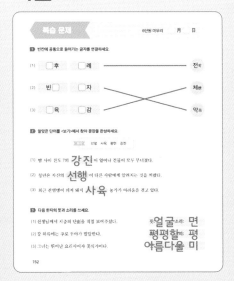

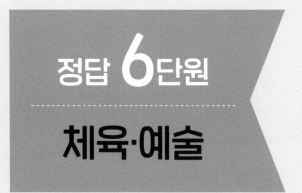

정답 **6**단원

체육·예술

초판 1쇄 인쇄 2024년 11월 18일
초판 1쇄 발행 2024년 11월 25일

지은이　　　김연수
펴낸이　　　하인숙

기획총괄　　김현종
책임편집　　박아영
그림　　　　최은지
디자인　　　d.purple
삽화자료　　Freepik

펴낸곳　　　더블북
출판등록　　2009년 4월 13일 제2022-000052호
주소　　　　서울시 양천구 목동서로 77 현대월드타워 1713호
전화　　　　02-2061-0765 팩스 02-2061-0766
블로그　　　https://blog.naver.com/doublebook
인스타그램　@doublebook_pub
포스트　　　post.naver.com/doublebook
페이스북　　www.facebook.com/doublebook1
이메일　　　doublebook@naver.com

ⓒ 김연수, 2024
ISBN 979-11-93153-45-1(64710)
979-11-93153-42-0 (세트)

• 이 책은 저작권법에 따라 보호를 받는 저작물이므로 무단전재와 무단복제를 금합니다.

• 이 책의 전부 또는 일부 내용을 재사용하려면 사전에 저작권자와 더블북의 동의를 받아야 합니다.

• 인쇄·제작 및 유통상의 파본 도서는 구입하신 서점에서 교환해 드립니다.

• 책값은 뒤표지에 있습니다.